W0191041

ClimatePartner °
klimaneutral

Verlag | ID: 128-50040-1010-1082

Dieses Buch wurde klimaneutral hergestellt.
CO_2-Emissionen vermeiden, reduzieren, kompensieren –
nach diesem Grundsatz handelt der oekom verlag.
Unvermeidbare Emissionen kompensiert der Verlag
durch Investitionen in ein Gold-Standard-Projekt.
Mehr Informationen finden Sie unter www.oekom.de.

Bibliografische Information der Deutschen Nationalbibliothek:
Die Deutsche Nationalbibliothek verzeichnet diese Publikation in der
Deutschen Nationalbibliografie; detaillierte bibliografische Daten
sind im Internet über http://dnb.d-nb.de abrufbar.

© 2013 oekom verlag, München
Gesellschaft für ökologische Kommunikation mbH,
Waltherstraße 29, 80337 München

Lektorat: Anke Oxenfarth
Korrektorat: Susanne Darabas
Umschlaggestaltung: Torge Stoffers, Leipzig
Umschlagillustration: © Torge Stoffers, Leipzig
Satz: Reihs Satzstudio, Lohmar
Druck: AZ Druck und Datentechnik GmbH, Kempten

Dieses Buch wurde auf FSC®-zertifiziertem Recyclingpapier und
auf Papier aus anderen kontrollierten Quellen gedruckt,
Circleoffset Premium White.
FSC® (Forest Stewardship Council) ist eine nichtstaatliche,
gemeinnützige Organisation, die sich für eine ökologische und
sozialverantwortliche Nutzung der Wälder unserer Erde einsetzt.

ISBN 978-3-86581-440-1

FSC
www.fsc.org
RECYCLED
Papier aus
Recyclingmaterial
FSC® C008457

Weert Canzler, Andreas Knie

Schlaue Netze

Wie die Energie- und Verkehrswende gelingt

7 *Einleitung:*
Das Ende der fossilen Grundlast

25 *Das Problem:*
Das Auto, wie wir es kennen

45 *Die Lösung:*
Schlaue Netze

75 *Szenarien des Gelingens*

111 *Ausblick auf*
eine postfossile Moderne

121 Literatur und Quellen
131 Dank
133 Über die Autoren

Einleitung:
Das Ende
der fossilen Grundlast

Schaffen wir in Deutschland die Energiewende? In der Tagespolitik wird viel darüber diskutiert, die Debatten verengen sich aber oft auf die Fragen, wie hoch die Umlagen zur Finanzierung der Photovoltaik- (PV) und Windkraftanlagen sind und wer diese am Ende bezahlt. Die Herkulesaufgabe Energiewende schrumpft zur »Strompreisbremse«. Das ist viel zu kurz gegriffen. Es geht nicht alleine um die Abschaltung von Atomkraftwerken, es geht um einen grundlegenden Umbau unserer Infrastruktursysteme. Denn die bisherige Energieversorgung ist zentral gesteuert, von wenigen Unternehmen organisiert und als eine Aufgabe der Daseinsvorsorge ausgewiesen. Wenn man daran etwas ändert, geht dies nicht ohne Diskussion auch über ein neues Verständnis staatlicher Aufgaben. Unsere Energieversorgung ist bisher so aufgebaut, dass fossile oder atomare Kraftwerke mit hoher Grundlast betrieben werden und lediglich in Spitzenlastzeiten kleinere, flexiblere Wasser- oder Gaskraftwerke zugeschaltet werden. Das ganze System war und ist primär auf eine hohe Versorgungssicherheit ausgerichtet. Wenn die großen Kraftwerke nun schrittweise durch Wind und Sonne ersetzt werden, funktioniert das bisherige System nicht mehr. Je höher der Anteil dieser volatilen Energiequellen ist, umso störanfälliger wird das Gesamtsystem und umso brüchiger seine bisherige Ordnung. Es geht also nicht nur um eine steigende Umlage zur Finanzierung der garantierten Einspeisevergütungen, es geht schlicht um die Frage, wie eine neue Energieversorgung aussehen kann und wer dabei welche Aufgaben und Verantwortung übernimmt.

Dabei ist aber nicht nur die Stromerzeugung ein Thema. Die Energieversorgung umfasst auch die Bereiche Wärme/ Kühlung sowie den Verkehr. Und Letzterer wird meistens völlig vergessen. Machen wir so weiter, wird spätestens im Jahre 2020 der Verkehr für die Hälfte des Primärenergiebedarfs verantwortlich sein. Während beim Strom und bei der Wärme der Vormarsch der Erneuerbaren mit einem Anteil von mehr als einem Fünftel bereits heute zu sehen ist, bleiben die Erfolge in der Transportbranche aus. Der Anteil der Erneuerbaren am motorisierten Individualverkehr ist minimal und auch mit Biosprit – nach dem Desaster um das E10 – kaum wirkungsvoll zu erhöhen. Eine Energiewende ist daher ohne den Übergang zu einer postfossilen Elektromobilität nicht zu schaffen. Ebenfalls wird oft vergessen, dass Verbrennungsmotoren neben CO_2 auch noch handfeste Schadstoffe wie Stickoxide und Rußpartikel emittieren. Diese Werte haben sich in den letzten Jahren in den Städten so drastisch erhöht, dass die EU-Kommission daran denkt, Deutschland mit einem Vertragsstrafenverfahren zu überziehen. Eine postfossile Zukunft gibt es also nur, wenn die Energie- UND die Verkehrswende gelingen. In der Debatte um die Energiewende und die Strompreisbremse wird dieser Umstand jedoch bislang völlig unterschätzt. Die Perspektive kann nur heißen, schrittweise die zentralen Strukturen durch eigenverantwortliche, dezentrale Netze zu ersetzen und dabei auch die sektorale Fixierung – hier Energie, dort Verkehr – aufzugeben. Das herrschende Paradigma lässt sich aufbrechen, wenn ganz neue Denk- und Handlungsräume gewonnen werden. Ein Braun- oder Steinkohlekraftwerk ist sicherlich nicht einfach durch Windparks oder PV-Anlagen auf Dächern und Feldern zu ersetzen. Das liegt am bisherigen Konstruktionsprinzip der Energiewirtschaft. Dem Gründer der AEG, Emil Rathenau, wird zugeschrieben, am Ende des 19. Jahrhunderts als damalige Vision die Prinzipien dieses zentralen Versorgungssystems bereits formuliert zu haben: mit wenigen, aber hoch effizienten fossilen Kraftwerken praktisch ganz Europa verlässlich und kostengünstig mit Strom zu beliefern. Die Versorgungswirtschaft ist seit Beginn des 20. Jahrhunderts diesem Pfad zu einer zentralen Struktur im Bewusstsein gefolgt, auf diese Weise nicht nur hohe Skaleneffekte, nämlich sinkende Kosten infolge standardisierter Mengenproduktion, sondern eine ebenso hohe Versorgungssicherheit zu gewährleisten. Entstanden ist eine leistungsfähige Energiewirtschaft, die allerdings in kartellartigen Machtstrukturen organisiert war und ist und die ein technologisches Paradigma festgeschrieben hat: die fossile Grundlast. Es kann daher nicht verwundern, dass mit dieser Struktur der Übergang in eine postfossile Energieversorgung nur schwer gelingen kann.

Die Energie- und die Verkehrswende benötigen einen völlig neuen politischen Gestaltungsansatz, der weit über Modifikationen am Erneuerbaren-Energien-Gesetz (EEG) hinausgeht. Gewichtige Gesetze der Daseinsvorsorge wie das Energiewirtschaftsgesetz oder auch das Personenbeförderungsgesetz, das den öffentlichen Personennahverkehr zu einer behördlichen Angelegenheit deklariert hat, stehen auf dem Prüfstand. Beide Gesetze stammen in ihren Kernbestandteilen aus den Jahren 1934 bis 1936 und können ihren damaligen – vorsichtig formuliert – umfassenden staatlichen Gestaltungsanspruch trotz vieler Novellen bis dato kaum verhehlen. Die gesetzliche Erblast wiegt schwer – bis heute. Aktuelle Gestaltungs- und Beteiligungsfragen rütteln am bisher kodifizierten Gemeinwesen und werfen die Frage nach der »Fertigungstiefe« des Staates im Zeichen neuen zivilgesellschaftlichen Selbstbewusstseins auf.

Perspektiv-, Paradigmen- und Rollenwechsel

Den meisten Beteiligten dämmert es, dass die vorgegebenen Ziele mit den bestehenden technologischen Paradigmen und auch mit den herrschenden Regierungs- und Unternehmensstrukturen (Governance) nicht zu bewerkstelligen sind. Zwar ist der Ausstieg aus der Kernkraft beschlossen, dennoch repräsentieren Kohlekraftwerke mit ihren großtechnischen Versorgungsstrukturen genauso wie die erdölbetriebenen Autos den Geist des 20. Jahrhunderts der fordistischen Massengesellschaft: die Organisation einer prosperierenden Wirtschaft auf der Basis einer intensiven Ausbeutung der fossilen Ressourcen. Während Mülltrennung, Pfandflaschen, Luft- und Wasserreinhaltung sowie eine gesunde Ernährung heute zum guten Ton gehören, ist der Umbau der Industriegesellschaft in seinen Grundmerkmalen noch längst nicht geschafft. Die Versorgung mit Energie und die Organisation der Mobilität sind weiterhin sehr stark den Logiken der Industriegesellschaft und der fossilen Grundlast verhaftet. – Wie aber kann eine postfossile Lebensweise auch im Bereich der Versorgungsinfrastrukturen aussehen?

Die Suche nach Antworten erfordert nicht nur einen intersektoralen Ansatz, sondern auch ein verändertes gesellschafts- und wirtschaftspolitisches Rollenmodell. Wer wird künftig Erzeuger, wer Verbraucher sein? Wird es zukünftig nur noch eine Kombination aus Produzenten und Konsumenten, also Prosumer, geben, die Energie produzieren, nutzen und nur noch in Ausnahmefällen auf eine Energieversicherung des Netzbetreibers zurückgreifen? Welche Rolle kann und muss der Staat noch spielen? Übernimmt die Zivilgesellschaft heute in Eigenregie Teile der Versorgungslandschaft? Kann die Elektromobilität hier eine Antwort geben? Reicht es, Fahrzeuge künftig mit erneuerbaren Energien zu betreiben oder müssen wir vom bisherigen »Auto im Kopf« als einem zentralen Fixpunkt unserer Lebensentwürfe Abschied nehmen? Die Frage nach der Realisierung einer Energiewende wird damit auch zu einer Frage nach der Verkehrswende und schlicht zur Frage, wie der Traum vom guten Leben in Zukunft aussehen kann.

Die rasante Installation von PV- und Windkraftanlagen hat in den letzten Jahren gezeigt, dass es bei der Versorgung mit Erneuerbaren kein Mengen-, sondern ein Managementproblem gibt. Wie organisiert man eine zuverlässige Regelleistung für Strom und analog für Wärme und Verkehr in Zeiten von Wind und Sonne?

Es braucht einen umfassenden Umbauplan, der den Übergang vom bisher gültigen fordistischen Konstruktionsprinzip der Massengesellschaft hin zu kleinen, dezentralen und »smart«, also intelligent miteinander kommunizierenden Versorgungsnetzen ermöglicht, um die Energie dort zu produzieren, wo sie auch gebraucht wird. Ziel muss es sein, die Verantwortung für Strom, Wärme und Mobilität dorthin zu verlagern, wo die Zivilgesellschaft mit allen ihren vielfältigen Akteuren eigene Kompetenzen erwirbt und wo Städte und Gemeinden eine neue Handlungs- und Gestaltungsmacht entwickeln können. Die Energiewende hat in Deutschland jedenfalls den Umbau der Industriegesellschaft angemahnt und einen Wechsel von einer zentralen, großformatigen, zentralistischen Versorgungswirtschaft hin zu einer dezentralen Bereitstellungsökonomie angeschoben.

Dieser Wandel der Perspektive scheint nicht ohne Erfolgsaussichten, weil etliche neue Akteure seit der Einführung des EEG hinzugekommen sind. Kleine und mittelständische Unternehmen haben vom Ausbau der Erneuerbaren profitiert. Der PV-Boom wurde von Bürgern* mitgetragen und forciert, indem sie ihre Dächer mit Solarmodulen bestückt haben. Installateure haben landauf, landab die privaten Bauherren bedient, mittlerweile sind über eine Million Privathäuser und Gewerbebauten mit einer PV-Anlage ausgestattet. Zusätzlich haben viele Landwirte und Firmeninhaber in den letzten Jahren ihre Stallungen und Lagerhallen mit Modulen versehen. Zunehmend springen (größere) Unternehmen auf den Zug auf, weil sie sich in der Folge dramatisch gesunkener Modulpreise und in der Erwartung steigender Stromtarife eine kalkulierbar kostengünstige Eigenversorgung versprechen. Bei Gestehungskosten um die zehn Cent je Kilowattstunde – die bei mittleren und großen PV-Anlagen mit günstiger Sonnenausrichtung und an guten Windstandorten auf dem Land (onshore) problemlos zu erreichen sind – wird es für viele Unternehmen interessant, den geernteten Strom nicht ins Netz abzuführen, sondern möglichst selber zu nutzen. Schließlich ist eine Gründungswelle von Energiegenossenschaften zu beobachten. Bürger schließen sich mehr als je zuvor zusammen, um gemeinschaftlich Solar- oder Windanlagen zu betreiben und

---

* Bei Substantiven, wie z. B. »Bürger«, sind stets männliche und weibliche Formen gemeint.

sich von den Erträgen eine Scheibe abzuschneiden. Über 600 Energiegenossenschaften gibt es bereits in Deutschland, davon haben sich allein im Jahr 2012 über 150 gegründet, um Solaranlagen oder Windmühlen zu errichten. Insgesamt ist die Anbieterseite bei der Stromproduktion so vielfältig wie nie zuvor, vor allem private Stromkonsumenten werden zu Stromproduzenten. Die Anteile der Eigenversorgung sind erheblich gestiegen. Sobald Speicherkapazitäten im Preis deutlich sinken, wird der Eigenverbrauch noch stärker zunehmen. Das gilt für Privathaushalte ebenso wie für kleine und mittlere Unternehmen. Selbst Großunternehmen wie die deutschen Autohersteller haben angekündigt, ihren Eigenverbrauchsanteil aus Erneuerbaren drastisch zu erhöhen. Der Prosumer, von dem der Zukunftsforscher Alvin Toffler schon vor mehr als 30 Jahren sprach, wird zum Normalfall im Energiesektor. Die gesellschaftliche Selbstorganisation bestimmt die Dynamik, wie der langjährige Energiepolitik-Berater Ruggero Schleicher-Tappeser unlängst konstatiert: »Die Fähigkeit zur Selbstorganisation beginnt eine ungeahnte Bedeutung in einem Sektor zu bekommen, der bisher von hierarchischen Strukturen geprägt und von wenigen Akteuren mit sehr limitierten Entscheidungsoptionen kontrolliert wurde.«

Natürlich ist dieser zivilgesellschaftliche Angriff auf die fossile Grundlastfixierung der fordistischen Massengesellschaft nicht ohne Risiken. Die Energieversorgung ist im wahrsten Sinne des Wortes wetterfühlig geworden. Je höher der Anteil erneuerbarer Energien, desto volatiler wird das

Angebot. Mit dem Erfolg von Photovoltaik und Windkraft wächst der Druck, Speicher als Puffer zu schaffen und das fluide Ungleichgewicht zwischen Angebot und Nachfrage zu managen. Noch ist auch nicht ausgemacht, ob es sich bei den neuen Produzenten denn um verlässliche Partner handelt. Aber gerade in der Unsicherheit passiert viel, innovative Ideen sprießen nur so, seit die Energiewende zur kalkulierbaren Rahmenbedingung geworden ist.

Jeder Strukturwandel kennt Verlierer

Im Verkehrsbereich sieht das noch anders aus. Auf den ersten Blick ist hier business as usual angesagt. Die Hauptlast trägt weiter das Auto mit Verbrennungsmotor. Der Anteil des öffentlichen Verkehrs mit seinen Bussen und Bahnen bleibt mit rund 15 Prozent weiter randständig. Die meisten Forschungs- und Entwicklungsressourcen werden in die Optimierung der konventionellen automobilen Antriebstechniken gesteckt, obwohl regelmäßig alle Effizienzgewinne durch den sogenannten Reboundeffekt aufgefressen werden. Einsparerfolge bleiben durch steigende Fahrleistungen und eine Aufrüstung der Fahrzeuge wirkungslos. Noch immer dominiert die Illusion, man könne mit inkrementellen Innovationen weitermachen und die Probleme nach dem Ende des billigen Öls mit der schrittweisen Erhöhung des biogenen Anteils an den Treibstoffen lösen. Sogar das E10-Desaster und die Rekorddürre im Sommer 2012 haben diesen Zweckoptimismus in der erfolgsverwöhnten Branche nicht erschüttert. Während der steigende Anteil der Erneuerbaren für die bestehenden Versorgungsstrukturen der fossilen Grundlast im Strombereich eine bedrohliche Entwicklung darstellt, ist die Einführung elektrischer Straßenfahrzeuge aus Sicht des herrschenden Paradigmas der »Rennreiselimousine« bestenfalls eine Irritation. Wie kann ein Fahrzeug, das mehr als doppelt so teuer ist und nur die Hälfte kann, überhaupt marktfähig werden? Analog zur Strukturdebatte in der Stromversorgung gilt auch hier die Grundregel: Die Grundlogik des Verkehrs muss sich ändern. Gelingt eine drastische Reduktion der CO_2-Emissionen im Verkehr nicht, droht die Klimaschutzpolitik selbst dann zu scheitern, wenn in anderen Sektoren die angestrebten Ziele erreicht werden.

Das Verkehrsverhalten widersetzt sich jedoch bisher allen Wendetendenzen, es ist widerständig und eigensinnig. Eine Verkehrswende, die auf eine neue postfossile Antriebstechnik zielt und zugleich effizienter ist, das heißt Mobilität mit weniger privaten Autos und mit mehr gemeinschaftlich genutzten Verkehrsmitteln ermöglicht, ist flächendeckend noch nicht in Sicht. Erosionen am Leitbild der Rennreiselimousine sind bislang auf europäische und nordamerikanische Metropolen konzentriert. Noch dominiert eine Stimmungslage, in der schon die Forderung nach einem Tempolimit auf den Autobahnen in den Medien als Garant einer programmierten Wahlniederlage gewertet wird. Motorische Abrüstung, weniger Autos und der Umstieg auf eine Kombination aus Elektro-Mietwagen und öffentlichem Verkehr (ÖV) haben wenig Fürsprecher. Das erstaunt auch nicht, weil es ja im Zuge der Verkehrswende auch Verlierer gibt. Mächtige Interessen sind berührt, Investitionen und Kompetenzen in einer der wichtigsten Branchen drohen an Wert zu verlieren und gut bezahlte Arbeitsplätze sind bedroht.

Allerdings sind es nicht nur Verteidigungskämpfe von Besitzstandswahrern, die den Wandel verhindern: Denn die technisch realisierte, massenhafte Selbstbeweglichkeit mit dem Auto ist und bleibt ein globaler Megatrend der Moderne schlechthin. Das zeigt sich auch in der Vehemenz der nachholenden Motorisierung beispielsweise in den sogenannten BRIC-Staaten Brasilien, Russland, Indien und China. Das Auto, wie wir es kennen, ist in vielen Teilen der Welt immer noch ein Objekt kollektiver sozialer Aufstiegsträume. Seine Attraktivität äußert sich im Prestigewert für die Neureichen und Gewinner des Wirtschaftswunders in Schwellenländern.

Doch hat das Auto nicht nur hohen symbolischen Wert. Ist das Auto erst einmal vorhanden, auf Dauer finanzierbar und lebensweltlich verankert, eröffnet es tatsächlich neue Freiheitsgrade für seine Nutzer. »Eigenzeit und Eigenraum« lassen sich mit dem Auto realisieren, individuelle Wegeketten und komplexe Alltagsabläufe sind besser als mit den anderen Verkehrsmitteln zu organisieren. Mehr noch, das Mittel Automobil verkehrt sich in seiner routinemäßigen Nutzung oftmals zum Zweck, es erzeugt Abhängigkeiten und verformt die mentalen Landkarten seiner

Nutzer. Kein Wunder also, dass schon die Verkehrswende-Rhetorik nicht nur bei Automanagern und IG Metall-Betriebsräten, sondern auch bei vielen Autofahrern auf Argwohn und Widerspruch trifft.

Das herrschende fossile Paradigma ist im Verkehr somit noch stabiler als im Energiesektor. Auf der anderen Seite sind auch hier die Erosionstendenzen beachtlich. Die Veränderungen in den Dispositionen der Stadtbewohner deuten eine veränderte Haltung zum Auto an. Jugendliche erwerben zwar die Fahrerlaubnis, fahren aber deutlich weniger. Busse und Bahnen rücken wieder in den Fokus der Nutzung. Der Gedanke greift Raum, Fahrzeuge nicht mehr zu kaufen, sondern zu teilen. Unterschiedliche Carsharingmodelle wachsen wie Pilze aus dem Boden. Quantitativ gesehen, handelt sich hierbei noch um Randphänomene. Dennoch sind sie Ausdruck von Verschiebungen in den Einstellungen und Präferenzen, die – mit technisch geeigneter Unterstützung – tatsächlich einen Nukleus für eine Verkehrswende bilden könnten.

Vor diesem Hintergrund gewinnt die Elektromobilität an strategischer Bedeutung. E-Fahrzeuge verlangen einen grundlegenden Umbau der Verkehrslandschaft – analog zu den Erneuerbaren im Energiesektor. Die Ironie der Geschichte: Da eine Eins-zu-eins-Substitution der bisherigen Antriebstechnik durch den Elektroantrieb nicht möglich ist, bleibt nur der Zwang zu radikalen Innovationen. Ein neuer Technikpfad ist zu kreieren. Es gibt enorme Innovationspotenziale, die bisher von den Sachverwaltern des alten Pfades nur nicht gesehen werden (wollen). Gelingt dieser Paradigmenwechsel allerdings nicht, versinkt die Elektromobilität in der Pfadabhängigkeit der Rennreiselimousine und bleibt gleichsam ein Fisch auf dem Trockenen. Insofern hat sie nicht nur große Symbolkraft, sondern tatsächlich technikimmanente Relevanz. Elektromobile zwingen aufgrund ihrer frühen technischen Leistungsgrenzen zu verkehrsträgerübergreifenden Kooperationen. War die Rennreiselimousine gleichsam ein autarkes und sich selbst genügendes Gefährt, braucht das Elektromobil Partner und Vernetzungen, weil es für lange Strecken nicht geeignet ist und zum Laden auf Auszeiten nicht verzichten kann. Für die Automobilität kommt die Elektromobilität einer Implosion gleich, was auch den Widerstand und die unverhohlene Skepsis in der Branche und bei vielen Entwicklungsingenieuren erklärt. Statt dem expansiven Muster des »größer – schneller – schwerer« entspricht die automobile Implosion einem gänzlich anderen Trend: vernetzt, smart und entkoppelt vom privaten Eigentum.

Noch findet man es kaum, das intermodale E-Auto zur Miete an jeder Ecke, das mit dem Smartphone schnell und einfach zu orten ist. Die technischen Voraussetzungen und die Konzepte sind jedoch bereits vorhanden. Aus ersten Forschungs- und Pilotversuchen weiß man, das E-Fahrzeuge, die in integrierte Verkehrskonzepte eingebunden werden, tatsächlich Menschen zum Umsteigen bewegen können. Eine solche intermodale Elektromobilität wäre damit die Chance für einen Bedeutungswandel des Autos.

Die Chancen des Paradigmenwechsels

Das Momentum der Energiewende bietet neue Optionen für die überfällige Verkehrswende. Es ist intellektuell höchst reizvoll, beide Bewegungen miteinander zu verknüpfen. Zumal der Verkehr ja nicht einseitig nur Verbraucher, sondern ebenso auch Speicher und temporärer Lieferant von regenerativ erzeugtem Strom sein kann. Damit wird der Verkehr sogar zum möglichen Problemlöser im entstehenden regenerativen Energiesystem. Ebenso wie in der Energiebranche entstehen auch in dem extrem dicht geregelten Umfeld des Verkehrs neue zivilgesellschaftliche Initiativen wie beispielsweise das sogenannte Peer2Peer-Carsharing, also das Teilen des eigenen Fahrzeugs mit fremden Menschen. Auch hier wird der Konsument gleichzeitig zum Produzenten, also zum Prosumer.

Die Zukunftsaussichten sind gar nicht so schlecht. Auf der einen Seite wächst mit jeder weiteren konventionellen Motorisierungswelle der Druck, endlich Schritte in Richtung einer weltweit verallgemeinerbaren, verträglichen Mobilität zu gehen. Auf der anderen Seite erwachsen aus der Umstellung der Energiebasis von den fossilen zu erneuerbaren Quellen ungeahnte Chancen. Systemisch gedacht, ergänzen sich regenerative Energien und eine vollkommen neu organisierte, intermodale Mobilität in idealer Weise. Das möchte das vorliegende Buch illustrieren. Die zugrundeliegende Hypothese besagt, dass die überfällige Verkehrswende zugleich Bestandteil und Treiber der Energiewende werden kann. Voraussetzungen sind neben weiteren technischen Innovationen ein Paradigmenwechsel in den Versorgungsstrukturen und somit auch ein Wandel im Staatsverständnis. Unter der Beteiligung der Zivilgesellschaft lassen sich die Konzepte der Energie- und Verkehrswende zu leistungsfähigen, dezentralen Netzen integrieren. Auf der Basis veränderter rechtlicher Rahmenbedingungen und modifizierter Anreizstrukturen können neue Geschäftsmodelle entwickelt und langfristige Versorgungsperspektiven gewonnen werden.

Soll die Verkehrs- und Energiewende gelingen, wird ein Dreiklang gebraucht, der zunächst abstrakt klingt, der aber die bestehenden »institutionellen, technischen und mentalen Infrastrukturen« moderner Wachstumsgesellschaften umwälzt, wie es der Sozialpsychologe Harald Welzer treffend formuliert hat. Es geht erstens um das Verhältnis von zentralen und dezentralen Strukturen in der Energie, in der Produktion und im Verkehr, zweitens darum, mehr und öfter Eigentum zu teilen und drittens um ein verändertes Verhältnis von Eigenarbeit und Fremdproduktion, bei der die Zivilgesellschaft eine ihr angemessene Bedeutung erhält.

Es gilt, die vielen Projekte und Initiativen zu einem wirkungsvollen Gesamtkunstwerk zusammenzuspinnen und dabei auch die Fertigungstiefe des Staates zu verringern. Gemeint ist damit, die Kompetenzen der Selbstorganisation zu nutzen und zentrale staatliche Verantwortung auf dezentrale Strukturen einer modernen Bürgergesellschaft zu verlagern. Nötig sind allerdings viel mehr Fantasie und die Bereitschaft, das sektorale und das alte paradigmatische Denken hinter sich zu lassen und die Chancen, die in *Schlauen Netzen* stecken, auch anzunehmen.

Im Folgenden wird in vier Kapiteln argumentiert, dass diese Doppelwende nicht nur nötig, sondern auch möglich ist. Die Dramaturgie der Argumentation verläuft von der Problemanalyse über die anstehenden sozialen und technischen Innovationen bis zur Skizzierung hilfreicher Rahmenbedingungen und zur Identifikation möglicher Agenten des Umbaus. Darauf aufbauend werden Zukunftsbilder entworfen, in denen eine vernetzte, dezentrale Mobilität und die erfolgreiche Kombination von Verkehrs- und Energiewende anschaulich gemacht werden. *Das Auto, wie wir es kennen* steht zunächst im Mittelpunkt des zweiten Kapitels, es ist der Ausgangspunkt für grundlegende Reformüberlegungen. Die sind dringlich, wenn man weiß, wie ineffizient der Verkehr organisiert ist und wie wenig sich trotz aller Rhetorik von der Integration der Verkehrsträger bisher getan hat. Im dritten Kapitel *Die Lösung: Schlaue Netze* wird ausgeführt, mit welchen technischen und sozialen Innovationen man aus der fossilen Sackgasse gelangen kann. Das in Ingenieurkreisen gerne zitierte vehicle-to-grid (V2G)-Konzept, gemeint ist das gesteuerte Laden und Entladen von Elektrofahrzeugen gemäß den Bedürfnissen des Stromnetzes, ist auch, aber nicht allein eine technische Frage. Ohne attraktive Geschäftsmodelle und ohne eine breite gesellschaftliche Akzeptanz wird es nicht umzusetzen sein.

Diese fallen aber nicht einfach vom Himmel. Dafür braucht es einen ehrgeizigen Regulierungsversuch, der im *Schlaue Netze Gesetz* angedeutet wird. Es finden sich darin einige Grundsätze und Konstruktionselemente einer zu schaffenden neuen Governance, die in einer Art Präambel zusammengefasst sind. In den *Szenarien des Gelingens* im vierten Kapitel stehen erfolgreiche Lösungen im Mittelpunkt, die zeigen, wie es aussehen könnte in einer voll vernetzten Energie- und Verkehrswelt. Im abschließenden *Ausblick auf eine postfossile Moderne* wird perspektivisch analysiert, welche gesellschaftlichen Trends diese Doppelwende verstärken und welche sie möglicherweise be- oder verhindern.

Das Problem:
Das Auto, wie wir es kennen

Der Verkehr wächst und wächst. Er scheint kaum zu bändigen zu sein, das belegen die Daten und Fakten. Alle Modernisierungsschübe sind mit mehr Verkehr verbunden, Raumwiderstände sinken und neue Straßen oder Fahrspuren sind meistens nach kurzer Zeit schon wieder überlastet. Diese fast gesetzmäßigen Entwicklungen lassen sich nicht nur in der OECD-Welt beobachten, sondern auch in den Regionen der nachholenden Modernisierung. In den BRIC-Ländern sind die Nachholeffekte atemberaubend, insbesondere beim motorisierten Individualverkehr. Doch nach wie vor sind die früh industrialisierten Länder die Vorreiter und die Rollenmodelle der weltweiten Verkehrsentwicklung. Dabei sind die Wachstumsgrenzen längst erreicht. Die CO_2-Emissionen im Verkehr werden zum Hauptsorgenkind der globalen Klimapolitik und der Platzbedarf der Autos in den Städten ist einfach nicht zu decken. Daran würden auch Elektroautos nichts ändern, wenn sie einfach nur die bisherigen Fahrzeuge ersetzten. Die Lösung für diese Probleme kann nur sein, Null-Emissionsantriebe in Fahrzeugen mit intelligenten Verkehrskonzepten zu kombinieren.

Das Auto weltweit auf der Überholspur

In den letzten 20 Jahren wurden laufend mehr Personen- und mehr Tonnenkilometer gemessen, der Luftverkehr boomt global, ständig werden mehr Autos zugelassen. Der Menschen- und Gütertransport ist wesentlicher Teil der Globalisierung. Der Verkehrsaufwand hat sich in Deutschland um ein Viertel erhöht, er liegt derzeit bei 15.000 Kilometern pro Bundesbürger und Jahr. Daran hat der motorisierte Individualverkehr (MIV) einen Anteil von mehr als 80 Prozent. Jeder Bundesbürger ist also im Schnitt ungefähr 12.000 Kilometer im Jahr mit dem Auto unterwegs.

Das ist kein Wunder, denn auf 1.000 Einwohner kommen mehr als 500 Autos, insgesamt waren Ende 2012 mehr als 47 Millionen Fahrzeuge alleine in Deutschland zugelassen. Dieses hohe Motorisierungsniveau besteht in der alten Bundesrepublik bereits seit den 1980er-Jahren, in den neuen Bundesländern wurde es nach einer intensiven Phase der nachholenden Automobilisierung Ende der 1990er-Jahre erreicht. Zunehmend sind im letzten Jahrzehnt die Frauen und die »Jungen Alten« als neue Zielgruppen dazugekommen. Waren beispielsweise im Jahre 1994 erst zehn Prozent der Frauen im Alter von 65 Jahren im Besitz eines Führerscheins, so sind es im Jahr 2010 bereits mehr als 80 Prozent.

Es gibt aber nicht nur mehr fahrende Menschen, auch die Flotte selbst hat sich verändert. Die durchschnittliche Motorleistung der neu zugelassenen Fahrzeuge ist allein zwischen 2007 und 2011 von 95 PS auf 134 PS gestiegen. Ein Großteil der Verbrauchsoptimierungen, die durch effizientere Motoren und sonstige fahrzeugseitige Verbesserungen zwischenzeitlich erreicht werden konnten, wurde dadurch wieder aufgefressen (Reboundeffekt). So ist zu erklären, warum der spezifische Energieverbrauch des Pkw bezogen auf den Energieeinsatz pro Kilometer zischen 1995 und 2010 zwar um ungefähr zehn Prozent gesunken ist, der absolute Primärenergieverbrauch im Personenstraßenverkehr aber lediglich um 2,8 Prozent.

Eine noch deutlich höhere Dynamik beim Verkehr gibt es in den Regionen, die erst am Anfang der Motorisierung stehen. Wo neben einer autofixierten Oberschicht eine kaufkräftige Mittelschicht entsteht, die ebenfalls auf den Besitz von Fahrzeugen setzt, sind die Zuwachsraten enorm. Nach den USA ist China mittlerweile der zweitgrößte Automarkt der Welt – mit enormen Folgen für die Umwelt. Die Smogbilder aus Peking gingen Anfang 2013 um die Welt. Dabei stehen die großen Zulassungswellen erst noch bevor. Auch die anderen BRIC-Regionen stehen vor enormen Zuwächsen bei den Pkw-Verkäufen, die Markterwartungen ähneln sich (vgl. Abbildung 1).

Für das Jahr 2020 wird vorausgesagt, dass in den BRIC-Ländern fast 34 Millionen Pkw zugelassen werden, davon allein in China mehr als 20 Millionen. Bis dahin, so die Erwartung, würden weitere Schwellenländer wie Argentinien, Mexiko, Indonesien und die Türkei zu potenziellen Millionenmärkten heranwachsen. Von diesen »The

Abbildung 1: **BRIC- und Welt-Pkw-Markt in 1.000 Fahrzeuge**

	1998	2000	2005	2011
Brasilien	1.249	1.188	1.369	3.426
China	508	614	3.149	12.214
Indien	517	709	1.107	2.523
Russland	820	945	1.520	2.653
BRIC	*3.094*	*3.457*	*7.145*	*20.816*
Anteil des BRIC-Marktes am Weltmarkt (in %)	6,8	7,1	13,0	33,7

Quelle: CAR Universität Duisburg-Essen, in: Dudenhöffer et al., 2012.

next 15« genannten Boomländern wird erwartet, dass in ihnen im Jahr 2020 insgesamt mehr als elf Millionen Pkw abgesetzt werden.

Implizit steckt in diesen Projektionen künftiger Marktentwicklungen und Verkaufszahlen das technische Basiskonzept vom Auto, wie wir es kennen. Zwar werden weitere Effizienzverbesserungen und eine fortschreitende Auffächerung der Angebotspalette unterstellt, aber im Kern gehen alle diese Prognosen beim Gros der Verkäufe vom familientauglichen Klein- und Mittelklassefahrzeug mit Verbrennungsmotor und den gewohnten Leistungsmerkmalen aus. Seit Jahrzehnten existieren zwei sich ergänzende Trends: Zum einen wird die Modellpalette laufend erweitert. Im Jahresrhythmus kommen neue Typvarianten hinzu. Für die Kunden verfeinert sich das Angebot damit, Typklassen erhalten Unterklassen, zugleich wächst die Vielfalt der Varianten innerhalb eines Modelltyps. Mithilfe von Plattform- und Bausatzstrategien können die Hersteller diese Angebotserweiterung zu vertretbaren Produktionskosten leisten. Zum anderen sind die Autos im Durchschnitt fast durchgängig größer, schwerer und schneller geworden. Auf den deutschen Automarkt bezogen, sind, mit Ausnahme einer kurzen Phase nach der Einführung der Abwrackprämie 2009, seit Jahrzehnten die neu zugelassenen Autos diesem Muster gefolgt. Seit Jahren hält der Boom der sportlichen Geländewagen, der sogenannten Sport Utility Vehicles (SUV), an, mit enormen Auswirkungen auf die Emissionswerte. Beispielsweise stößt nach Herstellerangaben der mit einem 110 PS starken Dieselmotor ausgestattete VW Tiguan 139 Gramm CO_2 je Kilometer aus, während der Dieselmotor eines VW Golf mit 105 PS nur 99 Gramm pro Kilometer emittiert.

Was aber bedeuten mehr SUV und eine aufholende Motorisierung für den Energiebedarf und für den globalen CO_2-Ausstoß und damit letztlich für das Klima? Ungefähr 1,5 Milliarden Autos, also noch einmal die Hälfte mehr als zur Zeit, fahren nach den Prognosen in wenigen Jahren weltweit herum, davon die allermeisten mit einem Verbrennungsmotor, der im günstigen Fall lediglich ein Zehntel weniger Klimagase emittiert als heutige Autos.

Die Fakten zeigen vor allem eines: Es kann bei der klimapolitisch gebotenen und vielfach geforderten Dekarbonisierung nicht nur um die immer wieder diskutierte Stromerzeugung gehen. Eine solche Strategie der Energiegewinnung ohne Kohlenstoffumsatz ist viel umfassender.

Wärme und Mobilität stellen hinsichtlich der Mengeneffekte, der Verhaltensroutinen und ihrer infrastrukturel-
len Einbettung eine ungleich höhere Herausforderung dar.
Während die Motorisierungswelle in den BRIC-Staaten
erst noch anrollt, wird dies in Deutschland trotz einer weit-
gehenden Marktsättigung mehr als deutlich: Der Anteil
des Verkehrs am CO_2-Ausstoß steigt. Der Vergleich mit anderen Sektoren in Abbildung 2 zeigt, wo der Verkehr steht:

Abbildung 2: **Energiebedingte CO_2-Emissionen in Deutschland
im Jahr 2010: Verkehr im Vergleich zu anderen Quellgruppen**

Quellgruppe	Anteil in %	Veränderung zu 1990 in %
Verkehr	20,1	−5,6
darunter Straßenverkehr	*19,0*	*−3,3*
Energiewirtschaft	45,7	−17,6
Haushalte	13,3	−21,3
Verarbeitendes Gewerbe	14,9	−35,0
Gewerbe, Handel, Dienstleistungen	4,8	−43,1

Quelle: Umweltbundesamt, 2012.

Der Grund für die sektoralen Anteilsverschiebungen: Die
Energiebasis des Verkehrs ist Erdöl. Zu mehr als 78 Prozent
beruht der gesamte Transportmarkt auf den Mineralöl-
produkten Diesel- und Ottokraftstoff. Ihre Verbrennung ist
mit der Entstehung von CO_2 verbunden, eine technische Lösung, etwa über Filter oder andere technische Reinigungs-
verfahren, existiert bislang nicht und ist auch nicht in Sicht.

Die politischen Reaktionen auf diesen Boom bleiben unbeholfen. Das Instrument der Grenzwertvorgaben für CO_2-Emissionen hat sich zwar grundsätzlich bewährt. Die bisher von der EU-Kommission vorgestellten Grenzwerte sind – ganz unabhängig vom Boom der SUV – jedoch völlig unambitioniert. 130 Gramm pro Kilometer bis 2015 sind für die meisten Hersteller schon jetzt absehbar zu erreichen. Vorstellbar wäre die Verabschiedung eines Grenzwertes für 2025 von 50 Gramm pro Kilometer, der ist allerdings in der EU-Kommission bisher nicht durchsetzungsfähig.

Ernsthaft geprüft und vielfach selbst schon von der Autoindustrie gefordert, wird die gesonderte Berücksichtigung von E-Fahrzeugen, die als sogenannte Super-Credits auf die Berechnung der Durchschnittswerte angerechnet werden könnten. Umstritten ist dabei aber nicht nur der Anrechnungsfaktor selbst, sondern auch die Einsparwirkung. Denn wenn mit wenigen zugelassenen Null-Emissions-Fahrzeugen gleichsam Freifahrtscheine für viele neue SUV eingekauft werden können, ist am Ende nichts erreicht. Die Debatte macht letztlich klar, dass es nicht um Prozentpunkte und Anrechnungsfaktoren geht, sondern um die Lösung von grundsätzlichen Problemen im Verkehr: Wie kann das Versprechen auf Wohlstand und soziale Teilhabe eingehalten werden, ohne dass sich die CO_2-Emissionen weiter erhöhen?

In dieser Hinsicht könnte man voller Neid auf den Stromsektor schauen, wo sich in den letzten Jahren viel getan hat. Mittlerweile stammt ein Viertel des genutzten Stroms aus

erneuerbaren Quellen, vor allem aus Windkraft, Photovoltaik und der Verstromung von Biomasse. Im Verkehr
liegt der Anteil der Erneuerbaren dagegen bei nicht einmal
sechs Prozent und dabei repräsentiert der Schienenverkehr
den Löwenanteil, weil die meisten Fern- und Nahverkehrs-
züge und die U- sowie Straßenbahnen elektrisch fahren.
Bei den Kraftstoffen für den Straßenverkehr wird trotz Bei-
mischungspflicht von Biokraftstoffen derzeit nur ein Anteil
von 5,5 Prozent erreicht, der gegenüber 2010 im Jahr 2011
sogar leicht gesunken ist.

Das Kontingent von Biokraftstoffen auf zehn Prozent zu
steigern, scheint vor diesem Hintergrund naives Wunsch-
denken zu sein. Alle Hoffnung liegt auf der zweiten und
dritten Generation der Biokraftstoffe, also einer deutlich
höheren Ausbeute der Biomasse. Ganz zu schweigen von
noch weitergehenden Beimischungsanteilen, wie sie beispielsweise in den RENEWBILITY-Szenarien des Öko-Ins-
tituts angenommen werden, in denen die CO_2-Minderungs-
leistungen berechnet wurden, die der Verkehr zu erbringen
habe. Dort ist unterstellt, dass bis 2030 ein Fünftel des im
Straßenverkehr eingesetzten Kraftstoffes aus Energiepflanzen stammen wird. Gelinge dies nicht, müsse die Fahr-
leistung geringer ausfallen oder die Fahrzeugeffizienz zusätzlich gesteigert werden. Skepsis ist angebracht, ob die
vielbeschworene nächste Generation der Biomasseverwer-
tung wirklich rechtzeitig kommt.

Große Erwartungen waren mit einer sukzessiven Bei-
mischung von biogenen Kraftstoffen verbunden. Dabei sind

die Grenzen offenbar längst erreicht. Ein weiterer Flächenverbrauch für den Anbau von Energiepflanzen zulasten der Lebensmittelproduktion ist ethisch nicht zu verantworten. Eine Expertengruppe der Deutschen Akademie der Wissenschaften ist in einem jüngst erstellten Gutachten da ganz eindeutig: Ihre Schlussfolgerung ist, dass mit Ausnahme der Nutzung von biogenen Abfällen die »Verwendung von Biomasse als Energiequelle in größerem Maßstab keine wirkliche Option für Länder wie Deutschland ist«.

Das industriepolitische Projekt Elektromobilität

Die Elektromobilität scheint der Ausweg zu sein. Mit der »Nationalen Initiative Elektromobilität« wurde von der Bundesregierung im Herbst 2009 die Elektromobilität zu einem vordringlichen industrie- und innovationspolitischen Projekt erklärt. Das Ziel lautet, »Leitmarkt für Elektromobilität« zu werden. Mit der »Nationalen Plattform Elektromobilität« ist dazu ein Diskurs- und Entscheidungsforum eingerichtet worden, das immerhin das Ziel von einer Million Fahrzeuge bis 2020 formuliert hat. Ein Ziel, das von der Bundesregierung mehrfach bestätigt wurde. Die deutschen Hersteller haben sich – mit Ausnahme von BMW – in dieser Frage lange schwer getan. Motiviert wurde ihr Engagement in erster Linie von den Entwicklungen in China. Der chinesische Markt, der bereits jetzt für alle deutschen Autohersteller der mit Abstand wichtigste ist, setzt auch die technischen Zukunftstrends: Auf der von der

Bundesregierung im Mai 2013 veranstalteten »Internationalen Tagung Elektromobilität« erklärte der Vertreter der chinesischen Regierung allen Anwesenden unmissverständlich, dass das Auto in China nur eine Zukunft hat, wenn es elektrisch fährt.

Im Gegensatz dazu sieht die Realität bei den rein elektrischen Fahrzeugen in Deutschland bislang noch wenig rosig aus. Immer wieder beschrieben, ist es mittlerweile zu einer empirischen Gewissheit geworden: Wer kauft ein deutlich teureres Fahrzeug mit vergleichsweise eingeschränktem Komfort? Seit 2011 gibt es verschiedene E-Autos von den japanischen und französischen Anbietern Mitsubishi, Nissan, Peugeot und Citroen, mit denen zwar auch noch kein Massengeschäft möglich ist, aber immerhin einige Erfahrungen gemacht werden können. Mit knapp 10.000 zugelassenen E-Autos in Deutschland im Jahre 2013 ist die Nische bislang winzig klein. Selbst in Frankreich, Japan oder in Österreich, wo staatliche Kaufprämien für E-Autos gewährt werden, sehen die Zulassungszahlen nicht viel besser aus. Alle Marktaspiranten haben mittlerweile gemerkt, dass es nicht in erster Linie die Privatkunden sind, die in den nächsten Jahren Elektroautos kaufen werden. Warum auch, solange die Preise höher als bei vergleichbaren konventionellen Fahrzeugen, dafür aber garantiert die Reichweite eingeschränkt und die Zyklenfestigkeit der Batterie alles andere als sicher sind. Nur einige wenige Technikenthusiasten sind bereit, die Kosten und Risiken zu tragen, die mit den derzeit überhaupt erhältlichen E-Mobilen verbunden sind. Dabei handelt es sich meistens um technisch vorgebildete Männer im mittleren Alter, die Spaß am Tüfteln haben, sich selbst als Innovationsträger sehen und zur energetischen Selbstversorgung über die eigene PV-Anlage neigen. Eine relevante Marktgröße bilden sie nicht.

Etwas anders ist es beim Hybrid: Toyota hält mit seinem Prius seit einigen Jahren sogar die Spitze in der Zulassungsstatistik in Japan. Hier gehören Hybride längst zum Alltag. In den USA wurden im Jahr 2012 über 235.000 des klassischen Prius verkauft. Zum Vergleich: In Deutschland waren es knapp 2.600. Während in den USA die Hybride einen Marktanteil von drei Prozent erreichen, schaffen sie in Deutschland im gleichen Jahr gerade ein halbes Prozent. Nun scheint dieser erste Erfolg auch auf die nächste Hybrid-Generation, nämlich den tatsächlich elektrisch betriebenen Plug-in-Hybrid, abzustrahlen: Nachdem von dieser neuen Hybrid-Variante 17.800 Fahrzeuge im Jahr 2011 auf dem US-amerikanischen Markt abgesetzt wurden, haben sich die Verkaufszahlen im Jahr 2012 auf mehr als 53.000 verdreifacht. Im Jahr 2013 wird sich diese Zahl voraussichtlich nochmals verdoppeln. Mittlerweile sind auch alle deutschen Hersteller dabei, ab dem Jahr 2014 Plug-in-Hybride anzubieten.

Teilen und Verknüpfen

Zugespitzt kann man sagen: Der postfossile (Auto)Verkehr ist die zwingende Konsequenz des Klimawandels. Stellt man den anthropogen verursachten Klimawandel nicht insgesamt infrage, kommt man an der Elektrifizierung des Verkehrs nicht vorbei. Doch bislang ist hiervon wenig zu sehen. Seit der klimaökonomischen Studie »Review on the Economics of Climate Change« vo Nicolas Stern aus dem Jahr 2006 ist der Grundsatz anerkannt, dass eine aktive Emissionsvermeidungsstrategie allemal günstiger ist als ein business as usual. Je früher der Umstieg auf eine postfossile Ökonomie gelingt, desto geringer sind die volkswirtschaftlichen Belastungen. Überdies steigt der Druck, je schneller die Motorisierung in den nachholenden Weltregionen voranschreitet und damit die globalen Gesamtemissionen das kritische Niveau erreichen, das unkontrollierbare Kippeffekte des Weltklimas auslösen kann.

Dieser bislang eher als Präambel eines kommenden Zeitalters der Dekarbonisierung formulierte normative Paradigmenwechsel wird jedoch kaum zum Aufstieg der Elektromobilität führen, wenn es nicht gelingt, mit dem Antrieb auch das Verständnis und die Bedeutung des Autos zu verändern. Alleine den Antrieb zu wechseln wird nicht reichen. Konnten in früheren Jahren eine Reihe von technischen Innovationen wie Sicherheitsgurt, Katalysatoren oder Assistenzsysteme das Auto in seiner klassischen Interpretation als Rennreiselimousine gesellschaftlich sichern, ist dies vor dem Hintergrund der beschriebenen Trends unwahrscheinlich. Um es deutlich zu formulieren: Der elektrische Antrieb kann die Rennreiselimousine nicht retten! Vielmehr ermöglicht diese Antriebsoption den Einstieg in eine beginnende Neuinterpretation von Automobilität an sich. Aber wie kann eine Verkehrswende aussehen?

Aus verkehrs- und umweltpolitischer Sicht war und ist der ÖV die klassische Alternative zum privaten Auto. Seine Leistungsbilanz ist jedoch durchwachsen, da garantieren auch erhebliche Investitionen in Infrastrukturen und rollendes Material keine automatischen Publikumserfolge. Die Entwicklung der Nutzungszahlen, Kundenbefragungen und vielfältige Imageuntersuchungen zeigen, dass der klassische ÖV in einer individualisierten Gesellschaft nur eingeschränkt attraktiv ist. Eisenbahnen und Busse als »Großgefäße« repräsentieren die Verkehrsangebote des frühen 20. Jahrhunderts. Das Auto ist längst der allgemein gültige Maßstab für die Befriedigung von individuellen Mobilitätsbedürfnissen. Es hat in Bezug auf Flexibilität und Individualität einfach große Vorteile: Selbst zu bestimmen, wann man fährt und welche Strecke man nutzt, ist ein verbreitetes Bedürfnis in individualisierten Gesellschaften. Tatsächlich erhöhen sich auch die persönlichen Freiheitsgrade im Alltag, wenn man sich nicht nach Fahrplänen und dem Linienverlauf von Bussen oder S-Bahnen richten muss. Ganz zu schweigen von den Mitreisenden, die man sich im ÖV nicht aussuchen kann. In der Moderne ist die selbstbestimmte Mobilität ein Wert an sich, paradoxerweise auch die Freiheit, in den Stau zu fahren und sich von einem Navigationsgerät abhängig zu machen. In diesem Wunsch nach Selbstbeweglichkeit liegt im Übrigen ein Grund für die Attraktivität des Fahrrades in den Städten, die sich seit einigen Jahren insbesondere bei jungen Angehörigen der urbanen Mittelschicht zeigt. Das Fahrrad erlaubt Selbstbeweglichkeit – wenn auch in einem begrenzten räumlichen Radius und mit dem Ärgernis, unfreiwillig in einem Regenschauer landen zu können – und zugleich bietet es die Möglichkeit, Gesundheitsbewusstsein und Umweltsensibilität zu demonstrieren.

Polyzentrische Raumstrukturen und disperse Siedlungsweisen auf der einen und flexible Arbeitszeiten sowie ein über Jahrzehnte gestiegener Freizeitanteil am Verkehrsaufwand auf der anderen Seite sind Ursachen dafür, dass Verkehrsströme zunehmend diffus geworden sind und zerfasern. Das »Auto im Kopf« als subtiles Instrument der Lebens- und Arbeitsplanung hat dazu geführt, dass sich der Verkehr kaum noch bündeln lässt. Auf dem Land und in den großflächigen Stadtrandgebieten kann unter wirtschaftlich vertretbaren Bedingungen in der Regel kein klassischer ÖV mit Bussen und Bahnen mehr betrieben werden. Das mehr als 40-jährige staatliche Versprechen von Freiheit und Wohlstand, mit dem Auto als der dafür notwendigen gerätetechnischen Entsprechung, hat Wirkung gezeigt und deutliche Spuren hinterlassen. Schließlich ist bei der Wertschätzung des ÖV eine eigentümliche Ausprägung der aus der Umweltpsychologie bekannten kognitiven Dissonanz bemerkenswert. In vielen Umfragen bezeichnen die Befragten den ÖV als wichtig und unterstützenswert, sie selber nutzen ihn jedoch nicht oder nur selten. Die positive Bewertung des ÖV hängt wahrscheinlich auch mit ihrer sozialen Erwünschtheit zusammen. Es dürfte jedoch noch einen weiteren Grund haben: Der ÖV scheint immer für »die Anderen« da zu sein. Ein ähnliches Phänomen wurde auch über viele Jahre beim Carsharing beobachtet: Alle fanden es gut, kaum jemand nutzte es. Diese »liebevolle Diskriminierung« mag sich zwar aktuell beim Carsharing abmildern, für den ÖV dürfte sie jedoch ohne tiefgreifende Reformen fortbestehen.

Damit aber ist das Dilemma beschrieben. Die Fortschreibung des Traums vom eigenen Auto mit eigenem Häuschen im Grünen ist aufgrund seines großen Erfolges fraglich geworden. Der Umstieg auf die bestehenden ÖV-Systeme ist auch nicht möglich, da ihre Bedienformen und Funktionsweisen mit der automobilen Massengesellschaft nicht kompatibel sind. Es erscheint ebenso klar, dass weder auf dem Lande noch in den Speckgürteln der großen Ballungsräume die Startrampe für die Verkehrswende versteckt ist. Eine Verhaltensänderung kann nur dann plausibel angenommen werden, wenn eine Vielzahl von Verkehrsangeboten existieren, die sich durch Kombination und Integration zu einem neuen Erlebnis verbinden lassen.

Die Perspektive für die Verkehrswende ist angesichts dieses Dilemmas die Abkehr vom Eigentum. Wenn man gerne mit dem Auto unterwegs sein möchte oder tatsächlich in seinem Alltag Strecken automobil zu bewältigen hat, muss man dafür nicht länger ein Auto kaufen und aufwendig unterhalten. Alleine in Berlin stehen fast 4.000 Carsharing-Fahrzeuge in allen Kategorien zu Verfügung. Man kann die die Mehrzahl an jeder Ecke mieten und nach kurzer Fahrt woanders wieder abstellen oder man plant eine längere Reise mit Fahrzeugen, die an festen Stationen verfügbar sind. Viele Menschen in Großstädten beginnen, diese Angebote zu nutzen. Die beiden großen Verkehrserhebungen in Deutschland, »Mobilität in Deutschland (MiD)« und »System repräsentativer Verkehrsbefragungen (SrV)«, zeigen dies deutlich: Städter bewegen sich zu einem wachsenden Anteil bereits heute multimodal. Sie benutzen unterschiedliche Verkehrsmittel und verknüpfen sie oft pragmatisch miteinander. Die Autonutzung hat signifikant abgenommen, während der ÖV leicht und das Fahrrad im urbanen Verkehrsmarkt deutlich zugelegt haben. Insbesondere junge Menschen haben die frühere Dominanz des Autos hinter sich gelassen und benutzen alles, was an Verkehrsangeboten verfügbar und bezahlbar ist. Sie kombinieren selbstorganisiert und routiniert verschiedene Verkehrsmittel mit Hilfe ihrer Mobiltelefone. Dank Flatrates sind sie permanent online und aktiver Teil sozialer Netzwerke, sie verwenden nicht zuletzt für Freizeitaktivitäten gerne nutzungsfreundliche Applikationen – auch und gerade im Verkehr.

Gesucht und gefragt:
Mobilitätsangebot aus einem Guss

Die Vernetzung der Verkehrslandschaft schafft nicht nur die Voraussetzung, dass die bestehende Infrastruktur besser genutzt wird und der Stadtverkehr zugleich schneller und umweltfreundlicher organisiert werden kann. Der weitere Vorteil ist, dass damit alle städtischen Verkehrsmittel elektrisch betrieben werden können. Bahnen und Busse, Autos oder auch Pedelecs lassen sich einfacher auf eine postfossile Basis umstellen als der private Verkehr mit Rennreiselimousinen. Fahrten ins Umland können mit Plug-in-Hybriden unternommen werden – alles auf der Basis erneuerbarer Energien. Eine Reihe von Pilotprojekten haben in den letzten Jahren gezeigt: Das Teilen von Autos und Fahrrädern wird für viele Menschen eine Alternative, aber es gehört dazu auch ein leistungsfähiger ÖV. Doch bislang sind die städtischen Multimodalen, die auch als »Urbaniten« oder »Metromobile« bezeichnet werden, noch Pioniere.

Um weitere Nutzergruppen zu erreichen, bedarf es eines deutlich verbesserten und sich selbst erklärenden Angebotes. Wer heute intermodal unterwegs ist, wer also die U- und S-Bahnen mit den Angeboten von Mieträdern und Carsharingfahrzeugen kombiniert, muss sich genau auskennen und bisweilen geduldig sein. Wichtigste Voraussetzung für ihren Erfolg ist, dass die Dienstleistung einfach und zuverlässig funktioniert. Die Integration verschiedener Verkehrsträger ist operativ anspruchsvoll. Die Chancen stehen dennoch nicht schlecht. Smartphones können eine Schlüsselfunktion einnehmen: Über sie fließen nicht nur die nötigen Echtzeitinformationen, sie dienen zugleich als Ticket, Zugangsschlüssel und persönlicher Assistent in allen Verkehrslagen. Sie helfen, auf verbreitete Mobilitätsmuster und bewährte Geschäftsmodelle aufzusetzen.

Wirklich attraktive Angebote bedürfen darüber hinaus sektoren- und unternehmensübergreifender Kooperationen. Nur wenn der öffentliche Nah- und Fernverkehr mit Autounternehmen, Energieunternehmen, Kommunen und Anbietern der Informations- und Kommunikationstechnologie (IuK) zusammenarbeitet, ist tatsächlich auch im Personenverkehr ein Mobilitätsangebot aus einem Guss zu realisieren, das den privaten Pkw ersetzen kann. Bei dieser Kooperation steckt der Teufel im Detail und vor allem in der Lösung der Grundsatzfrage: Wer hat den Kontakt zum Kunden und wer liefert lediglich zu? Hier sind Antworten gefragt, mit denen alle Beteiligten leben können. Die Aufgaben sind für den ÖV nicht neu, es geht um eine transparente Einnahmeaufteilung, gemeinsame Markenstrategien (Co-Branding) und Roaming (ähnlich wie bei der Mobiltelefonie) im Verkehr. Sie zu lösen ist nicht einfach, in der Vergangenheit hat es oft Streit gegeben, andererseits winken als Lohn für eine überzeugende Kooperation zusätzliche Kunden. Grundvoraussetzung für diese Innovationen ist, dass alle Verkehrsmittelbetreiber sich entschließen, überfällige Reformen tatsächlich anzugehen. Während die Autohersteller die globalen Trends genau beobachten, herrscht bei den meisten öffentlichen Verkehrsunternehmen noch die Haltung vor, sowieso »Teil des Guten« zu sein. Sie können dementsprechend nur wenig Veränderungsbedarf erkennen. Die mehrheitlich in kommunalem Besitz befindlichen Unternehmen glauben oft, unter dem Schutzschild der staatlichen Daseinsvorsorge praktisch mit unbefristeten Garantien ausgestattet zu sein.

Neben einem veränderten Selbstverständnis als Voraussetzung für attraktive Mobilitätsangebote bedarf es natürlich unterstützender Rahmenbedingungen. Dazu gehört der Abbau der Privilegien für das private Auto, beginnend mit der Internalisierung der externen Kosten. Dieses umweltökonomische Basisprinzip heißt im Verkehr: eine konsequente und flächendeckende Finanzierung des Verkehrs und seiner Infrastrukturen durch die Nutzer. Die Instrumente der Nutzerfinanzierung reichen von der Straßenmaut über die Parkraumbewirtschaftung bis zur Einbeziehung des Verkehrs in den wiederzubelebenden CO_2-Emissionshandel. Wie kann es sein, dass der öffentliche Raum fast beliebig für private Parkzwecke genutzt werden kann und dass der Verkehr als einer der großen Klimagasemittenten vom Regime des Emissionshandels nicht erfasst wird? So sehr in den Verkehrswissenschaften die Internalisierung der externen Kosten auch unterstützt wird, so skeptisch ist man oft auf Seiten der Nutzer. Individualpsychologisch lässt sich das auch erklären, es greifen da Mechanismen der kognitiven Blockade, insbesondere der Verdrängung und der Leugnung. Kaum jemand möchte den vollen Preis des Autofahrens wissen, schon gar nicht für jede Strecke. Nur die Allerwenigsten richten sich in ihrer Entscheidung, das Auto oder eine Alternative zu nehmen, nach einer rationalen Kostenabwägung beispielsweise auf Basis der Kostentabelle, die der ADAC seit vielen Jahren für beinahe jeden Autotyp vornimmt. Diese Tabelle, in der auch so wichtige Kostentreiber wie der Wertverlust der Fahrzeuge berücksichtigt werden, wird ignoriert oder einfach als nicht passend eingeordnet. Die meisten Autofahrer sehen sich selbst nicht als den typischen Nutzer, wie er unterstellt wird. Viele Widerstände sind zu überwinden, um bei den Preisen – und vielleicht noch wichtiger: bei der Kostenwahrnehmung – zu einem wirklichen Wettbewerb zwischen intermodalen Diensten und dem privaten Auto zu kommen. Die Liste der Änderung der rechtlichen und steuerlichen Rahmenbedingungen ist lang. Neben einer konsequenten Nutzerfinanzierung müssen beispielsweise das Dienstwagenprivileg sowie die Entfernungspauschale abgeschafft werden. Diese Forderungen sind nicht neu, aber so berechtigt wie ehedem.

Professionelle Mobilitätsdienstleistungen unter Einbeziehung von Mietautos und Mobilitätsgarantien können zur Alternative für das private Auto werden. Allerdings braucht es funktionierende Angebote, förderliche Rahmenbedingungen und eine intelligente Vernetzung der technischen und sozialen Akteure. Mit Fantasie und Anreizen können diejenigen zusammenfinden, die in ihrer Doppelrolle als Prosumer die postfossile Mobilität voranbringen. Und: Es braucht *Schlaue Netze*.

Die Lösung:
Schlaue Netze

Der Verkehr ist das große Problem für eine erfolgreiche Dekarbonisierungsstrategie. Die Entwicklung von intermodalen Angeboten und die Abkehr vom privaten Auto bieten eine Perspektive für einen Wechsel zur postfossilen Mobilität. Und wie sieht es beim Strom aus?

Die Energiewende ist ein gewaltiges technisches und soziales Experiment. Solar- und Windkraftanlagen werden massiv ausgebaut, sie profitieren zudem von der Lernkurve ihrer industriellen Fertigung, wozu das EEG erheblich beigetragen hat. Zugleich muss aber das Stromnetz um- und ausgebaut werden. Da hilft das EEG nicht mehr, es ist netztechnisch sozusagen blind.

Die Umbauperspektive lautet kurz und knapp: von zentralen Strukturen mit wenigen Anbietern hin zu dezentralen Strukturen mit vielen Prosumern. Das kann nicht reibungs- und konfliktlos vonstatten gehen. Ein zentraler Punkt ist dabei das Verhältnis von Zentralität und Dezentralität künftiger Stromproduktion, -speicherung und -verteilung. Ein neuer ordnungspolitischer Rahmen muss Schlaue Netze fördern und die Agenten des Umbaus ermutigen.

Technische und soziale Innovationen

Für eine dezentrale Struktur sind vor allem Speicher entscheidend, um die höchst unregelmäßige Stromproduktion durch Wind und Sonne abzupuffern. Intelligente Stromnetze, die sogenannten Smart Grids, stellen selber eine komplexe Konstruktion des Puffers dar. Die Herausforderungen bestehen dabei nicht nur in kurzfristigen Schwankungen im Netz, sondern auch in variierenden tageszeitabhängigen und – besonders herausfordernd – jahreszeitlichen Einspeisemengen.

Zur Stabilisierung des Netzes kommt eine Reihe von Techniken und Dienstleistungen in Frage, noch ist offen, wer welchen Beitrag leisten wird. Es geht aber auch um Verbrauchs- und Speicherpartnerschaften über eine Verknüpfung mit anderen Verbrauchsfeldern wie dem Verkehr. Hier kommen Elektrofahrzeuge ins Spiel. Die Stichworte bei den batterieelektrischen Fahrzeugen sind: gesteuertes Laden – auch »Vehicle2Grid« genannt. Gemeint ist, dass Fahrzeuge nur »betankt« werden, wenn überzähliger Wind- oder Sonnenstrom zu Verfügung steht. Technisch möglich, bislang aber wenig erprobt ist der Gedanke, dass E-Fahrzeuge in Zeiten von Spitzenlast als mobile Energiespeicher funktionieren und Strom aus den Batterien wieder zurück ins Netz leiten. Bei großen Flotten von mehreren hundert Fahrzeugen kann dies schnell zu einem relevanten ökonomischen Faktor werden. Überschüssiger Wind- und Sonnenstrom kann aber auch durch Elektrolyse zur Produktion von Wasserstoff genutzt werden und damit Brennstoffzellen von Fahrzeugen antreiben, die ebenfalls in den nächsten Jahren in größerer Stückzahl erwartet werden. So kann der Verkehr zur Lösung der Probleme der Energiewende beitragen. Alle Komponenten werden bereits seit Jahren erprobt, aber als Gesamtkunstwerk gibt es solche schlauen Netze noch nicht.

In der Literatur zur Energiewende ist die Meinung verbreitet, dass erst bei einem Anteil von 40 Prozent erneuerbarer Energien an der Gesamtstromproduktion zusätzliche Speicher in größerem Stil benötigt werden. Manche sprechen davon, dass sogar erst ab 70 Prozent Erneuerbarenanteil die Speicherfrage angegangen werden müsse. Das klingt zunächst einmal beruhigend. Allerdings nur, solange man auf die Durchschnittswerte schaut. Erst für das Jahr 2020 wird ein landesweiter 40-Prozent-Anteil für erneuerbaren Strom angepeilt. Tatsächlich jedoch haben wir bereits jetzt regionale Anteile, die deutlich darüber liegen. Die Produktion von Windenergie in einigen Regionen in Schleswig-Holstein, Niedersachsen oder auch in Nordbrandenburg übersteigt schon heute an vielen Tagen den Bedarf vor Ort, und eine Weiterleitung in andere Regionen der Republik belastet vorhandene Netzkapazitäten oder ist manchmal gar nicht möglich. In einigen ländlichen Idyllen im Süden der Republik hingegen entsteht an sonnigen Tagen ein Überangebot an Solarstrom, der ebenfalls nur mühsam verteilt werden kann. Gleichzeitig kommt der überregionale Netzausbau bislang nur schleppend voran. Die Lastverschiebung über angepasste Liefervereinbarungen mit Anreizen zum Nachfrageverzicht in Zeiten schwacher Wind- und Solarstromproduktion mit Unternehmen, das sogenannte Contracting, steht erst am Anfang, ihr Potenzial wird für die verschiedenen Branchen unterschiedlich eingeschätzt, sie dürfte sich im gewerblichen Bereich in der Größenordnung von vier bis fünf Gigawatt bewegen.

In Gegenden mit vielen Windenergie- und Photovoltaikanlagen besteht also heute schon ein großer Bedarf an Speichern, will man die Anlagen nicht abschalten, wenn gerade das Leistungsmaximum erreicht ist. Vor diesem Hintergrund werden in der Fachdiskussion neben dem beschleunigten Ausbau des Übertragungsnetzes zusätzliche Speicherkapazitäten und ein professioneller Schub bei der Steuerung der Nachfrage, dem Demand Side Management, gefordert. Speicher und eine flexible Nachfrage sollen die Angebotsspitzen, die eben auch schlicht wetterbedingt sind, abfangen. Das ist eine komplett neue Logik, weil bisher der Energiemarkt nicht vom zufälligen Angebot, sondern von einer eindeutig artikulierten Nachfrage bestimmt wurde.

Speicher sind künftig nicht nur Puffer für nicht nachgefragte, also nach bisheriger Bewertung überflüssige Energie, sondern sie werden umgekehrt zu Stromlieferanten, wenn die fluktuierenden Erneuerbaren ausfallen. Zusätzlich kann die Kraft-Wärme-Kälte-Kopplung (KWKK) helfen, die Lücken zu schließen, wenn der Wind nicht weht und die Sonne nicht scheint und trotzdem Energie gebraucht wird. Auch diese Logik ist neu. Denn es gilt nunmehr Lücken zu schließen, die es nach alter Marktordnung gar nicht geben durfte.

So schwierig es schon mental ist, diese Umkehr der Logik des Energiemarktes überhaupt zu akzeptieren, so schwierig ist es darüber hinaus, funktionierende Regeln einer neuen Energieordnung zu finden und zu implementieren. Ein Wechsel vom Mechanismus der garantierten Einspeisevergütung zu einem Quotenmodell, in dem die vermeintlich kostengünstigste Technik eingesetzt wird, ist keine ernst zu nehmende Alternative. Es würde am Problem der überfälligen Logikumkehr nichts ändern. Eine neue Governance, in der Debatte oft auf das Marktdesign reduziert, muss entwickelt werden, aber alle Beteiligten tun sich schwer damit. Es gibt kein Vorbild für die effiziente Bewirtschaftung einer fluktuierenden, das heißt nicht steuerbaren und nur bedingt prognostizierbaren Energieproduktion. Es gibt keine Blaupause für das volkswirtschaftlich optimale Verhältnis von Produktionskapazitäten, Speichern und Demand Side Management. Und abgesehen vom Nischenmarkt der Kraft-Wärme-Kälte-Kopplung existieren bisher auch keine Geschäftsmodelle, die die Sektoren Strom, Wärme und Transport verknüpfen. Auf genau diese Verbindung wird es künftig jedoch ankommen.

Der Paradigmenwechsel von der zentralen und gesteuerten zur dezentralen und zufälligen Stromproduktion ist nicht mit einfachen Anpassungen der Regulierung des Energiemarktes zu schaffen. Eine Kapazitätsprämie und eine Differenzierung des EEG reichen nicht aus. Überhaupt ist das

EEG, so verdienstvoll es für den schnellen Weg aus der Nische für die Erneuerbaren war, an seine Grenze gestoßen. Nötig ist vielmehr ein vollkommen neuer Ordnungsrahmen, eine intelligente Governance. Diese stellt das Grenzkostenprinzip vom Kopf auf die Füße: Flukturierende erneuerbare Energien lassen sich nicht steuern, aber sie kosten, abgesehen von den Kapitalkosten für die ihnen zugrundeliegenden Investitionen, auch fast nichts. Geschäftsmodelle lassen sich daher nicht auf ihren Produktionskosten aufbauen. Ansatzpunkt ist vielmehr die Verfügbarkeit dessen, wofür Energie gebraucht wird oder auch nicht gebraucht wird. Das neue Energieprinzip hört sich abstrakt und ungewohnt an. Es kommt aber dem sehr nahe, was bereits hinlänglich bekannt ist und auch für selbstverständlich gehalten wird, nämlich dem Zugang zu Daten und Informationen über das Internet und der Nutzung von Smartphones. Die digitale Information selbst unterliegt ebenfalls dem Verfall der Grenzkosten. Die eigentliche Leistung ist der Zugang zu und die Verfügbarkeit von Informationen. Medien wie das Internet, Fernsehen, Telefonie wachsen zusammen, alte Branchengrenzen verschwinden. Welche technischen Konfigurationen, Serverarchitekturen und Betreiberverträge dahinter stehen, ist den Endnutzern egal. Sie zahlen für Integration der Dienste, Zugang, Verfügbarkeit, Schnelligkeit. Oder sie nehmen die Werbung in Kauf, die ihnen für diese Leistungen aufgedrängt wird. Die Zugangsangebote werden bestimmt durch Kontingente und Pauschalen, Gebiets- und Netzwechsel werden über Roaminggebühren abgegolten.

Was bedeutet diese Designrevolution für den Energiemarkt? Im Kern geht es darum, dass künftig nicht in erster Linie mit der konkreten Energieproduktion das Geld zu verdienen ist. Schon heute, bei einem bilanziellen Erneuerbarenanteil von 25 Prozent an der Stromproduktion, fällt regelmäßig der Börsenpreis für Strom, wenn die Sonne kräftig scheint und der Wind bläst.

Der Merit-Order-Effekt, also die Verdrängung teuer produzierender Kraftwerke durch die Erneuerbaren mit ihren vernachlässigbaren Grenzkosten, drückt den Börsenpreis. Gleichzeitig schrumpfen die Zeiträume, in denen Energielieferanten am Markt erscheinen, die mit hohen Betriebskosten arbeiten. Für die Energiekunden bedeutet diese Entwicklung, dass er oder sie Verfügbarkeitsrechte erwirbt und für diese Rechte zu unterschiedlichen Zeiten variierende Preise zahlt. Für die Energieanbieter heißt dies nicht mehr nur Kilowattstunden zu verkaufen, sondern Energiedienstleistungen. Eine Anbieterlandschaft der Energieversorger im wortwörtlichen Sinne entsteht, die sich Energiemengen sichern und auf dieser Basis Zugänge an den Endkunden verkaufen. Der Handel mit Zugängen zu Energie kann dann zu einer wichtigen neuen Säule der Strombörse werden und neue Geschäftsmodelle wie zum Beispiel die von Energieversicherern wären realisierbar.

Denn insgesamt wird der Handel mit Strom primär ein Versicherungsgeschäft sein, in dem Stromlieferrechte, also neuartige »Stromzertifikate« gehandelt werden. Für die Energieversorgung insgesamt werden Eigenverbrauch und dezentrale Insellösungen eine wichtige Rolle spielen, sie werden vermutlich jedoch nur im Ausnahmefall zur Autarkie führen. Denn auch lokale Smart Grids werden trotz steigender Eigenverbrauchsanteile am übergeordneten Stromnetz hängen. Im Regelfall werden Selbstverbraucher weiterhin vernetzt sein, und sei es nur für eine (faktisch selten in Anspruch genommene) Rückfalloption, für die sie allerdings auch zahlen müssen – nicht zuletzt, weil sonst das solidarische Netz zu löchrig wird.

Wie eine dezentrale grüne Energielandschaft aussehen könnte, zeigt die Abbildung 3.

Intelligente Speichertechniken als Schlüssel zum Erfolg

Diese Darstellung eines integrierten Stromnetzes zeigt: Die künftige Energieversorgung ist dezentral, komplex und hat eine Vielzahl von Akteuren. Die notwendige Speicherung muss sowohl kurzfristige Schwankungen in der Produktion von Energie als auch tages- und jahreszeitliche Unterschiede ausgleichen können. Die Bandbreite der Fluktuation ist riesig: von den lokalen Sekunden- und Minutenlücken im Niederspannungsbereich, die etwa durch eine Wolke über mehreren Solaranlagen entstehen, über die Tag-Nacht-Differenz bei der Sonneneinstrahlung bis hin zu den dunklen und manchmal bleiernen Winterwochen, wo trübes Wetter weder die Sonne durchlässt noch einen Windhauch erlaubt. In den kalten und zumeist sonnenarmen Monaten

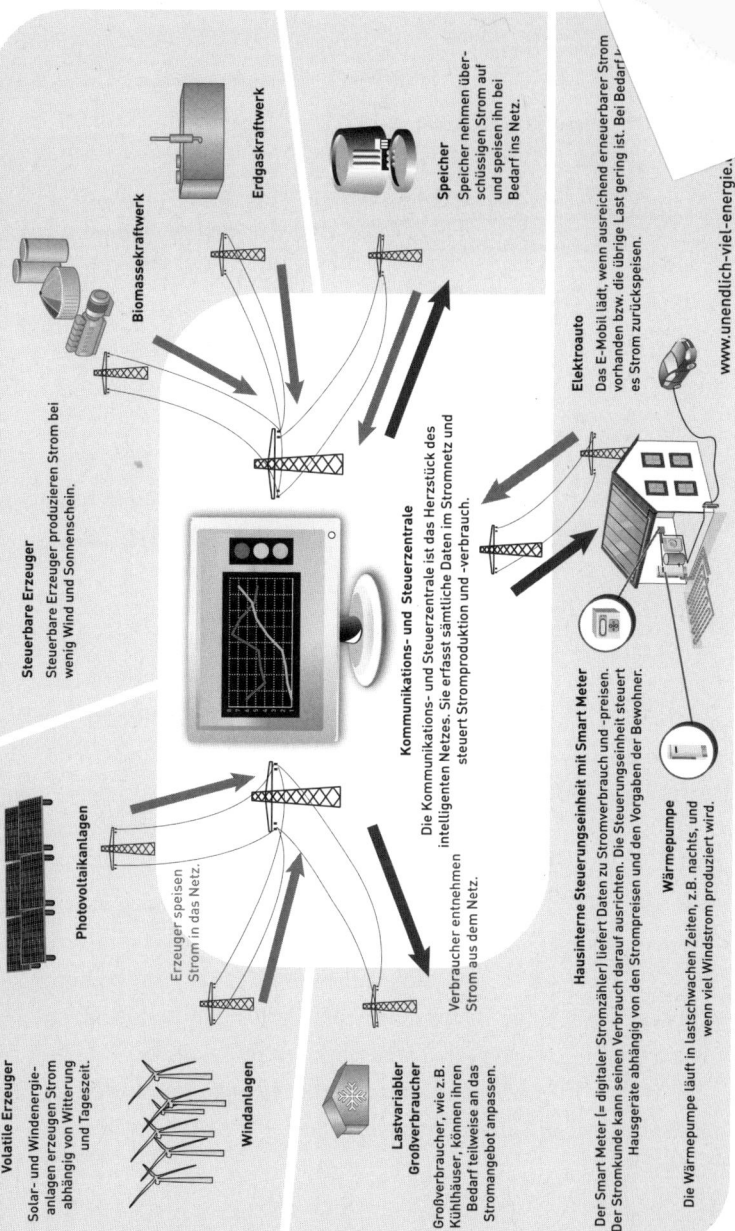

Volatile Erzeuger

Solar- und Windenergieanlagen erzeugen Strom abhängig von Witterung und Tageszeit.

Windanlagen

Lastvariabler Großverbraucher

Großverbraucher, wie z.B. Kühlhäuser, können ihren Bedarf teilweise an das Stromangebot anpassen.

Photovoltaikanlagen

Erzeuger speisen Strom in das Netz.

Verbraucher entnehmen Strom aus dem Netz.

Steuerbare Erzeuger

Steuerbare Erzeuger produzieren Strom bei wenig Wind und Sonnenschein.

Biomassekraftwerk

Erdgaskraftwerk

Speicher

Speicher nehmen überschüssigen Strom auf und speisen ihn bei Bedarf ins Netz.

Kommunikations- und Steuerzentrale

Die Kommunikations- und Steuerzentrale ist das Herzstück des intelligenten Netzes. Sie erfasst sämtliche Daten im Stromnetz und steuert Stromproduktion und -verbrauch.

Hausinterne Steuerungseinheit mit Smart Meter

Der Smart Meter (= digitaler Stromzähler) liefert Daten zu Stromverbrauch und -preisen. Der Stromkunde kann seinen Verbrauch darauf ausrichten. Die Steuerungseinheit steuert Hausgeräte abhängig von den Strompreisen und den Vorgaben der Bewohner.

Wärmepumpe

Die Wärmepumpe läuft in lastschwachen Zeiten, z.B. nachts, und wenn viel Windstrom produziert wird.

Elektroauto

Das E-Mobil lädt, wenn ausreichend erneuerbarer Strom vorhanden bzw. die übrige Last gering ist. Bei Bedarf [...] es Strom zurückspeisen.

www.unendlich-viel-energie.[...]

Abbildung 3: Das intelligente Stromnetz

kommt hinzu, dass gerade dann der Wärmebedarf besonders hoch ist.

Eine Speichertechnik, die passend für alle Anforderungen ist, gibt es sicherlich nicht. Offensichtlich bedarf es verschiedener Speicherlösungen. Wasser- und Druckluftspeicher sind altbekannt und eignen sich vor allem für eine mittelfristige Speicherung. Voller Potenzial, aber weniger ausgereift sind Batteriespeicher und chemische Umwandlungsverfahren, die unter dem Label »Power to Gas« firmieren. In erster Linie wird überschüssige Windenergie so zu Methan oder Wasserstoff. Oft werden in der Diskussion die Probleme betont, die mit diesen Speicheroptionen verbunden sind. Isoliert betrachtet, kann man jeder Option natürlich schnell eine Reihe von Nachteilen attestieren. Batterien haben eine geringe Energiedichte, sind daher schwer und bedürfen teurer Materialien. Hohe Lade- und Entladeleistungen können ihre Lebensdauer verkürzen. Power to Gas, also beispielsweise die Umwandlung von Windstrom in Wasserstoff mittels Elektrolyse, hat erhebliche Energieverluste zur Folge. Kaum mehr als ein Drittel des ursprünglichen Energiegehalts bleibt am Ende übrig, wenn der grüne Wasserstoff von Fahrzeugen mit Brennstoffzellen genutzt oder in Blockheizkraftwerken (BHKW) zur Erzeugung von Wärme und Strom eingesetzt wird. Zwar sind höhere Wirkungsgrade bei Batteriekonzepten, die mit isolierbaren Elektrolyten arbeiten, den sogenannten Redox-Flow-Batterien, möglich. Noch sind diese Batteriekonzepte allerdings weit von einem Serieneinsatz entfernt.

Skeptiker wenden außerdem gerne ein, dass dezentrale Speicher wie Batterien und Power-to-Gas-Anlagen viel teurer seien als der Ausbau von Übertragungsnetzen. Überhaupt stehen die Kosten als ein Killerargument gegenüber Speicherlösungen im Mittelpunkt. Künftige Skaleneffekte werden allerdings in diesen Attacken gegen die dezentrale Energieversorgung ebenso wenig berücksichtigt wie die eingesparten Kosten für nicht zu bauende Übertragungstrassen und Verteilungssysteme.

Allen zweifelnden – oft natürlich interessengeleiteten – Einwürfen zum Trotz zeigt sich mit der fortgesetzten Installation von Wind- und PV-Anlagen der Charme dezentraler Smart Grids. Sie erhöhen die Effizienz des Gesamtsystems, erlauben neue Geschäftsmodelle nicht zuletzt durch ein lokales Demand Side Management und binden Wertschöpfung vor Ort. Klar ist auch hier: Smart Grids brauchen Speicher. Speicher für den verstärkten Eigenverbrauch der privaten Haushalte sind davon nur ein Teil. Zusätzliche stationäre Speicher und eben auch die Elektrofahrzeuge kommen damit ins Spiel.

Batterieelektrische Fahrzeuge können Wind- und Sonnenstrom aufnehmen, wenn es ihn im Überfluss gibt. Diese Idee des gesteuerten Ladens ist noch nicht lange im Gespräch. Sie konnte sich erst entwickeln, als der Paradigmenwechsel hin zu einer vollständigen Stromversorgung aus erneuerbaren Energien begonnen hatte. In den 1970er- und 1980er-Jahren existierten bereits Vorstellungen vom Solarmobil in Kombination mit einer autarken Haustechnik auf der Basis von Solarzellen plus Stirlingmotor, wie bei Frederic Vester nachzulesen ist, der als populärwissenschaftlicher Biochemiker Ideen für systemische Verkehrslösungen entwickelte. In früheren Elektromobilitätstests wie beispielsweise beim ebenfalls in den 1990er-Jahren realisierten Rügen-Versuch spielte die Speicherfunktion für überschüssigen Wind- und Sonnenstrom dagegen keine Rolle. Erst mit den E-Mobility-Pilotversuchen nach 2009 wurden gezielt die Wirkungen und Grenzen von Anreizen für das gesteuerte Laden wie günstige Kilowattstundenpreise in Starkwind- und Schwachlastzeiten oder umgekehrt erhöhte Tarife in Zeiten hoher Last untersucht.

Damit E-Fahrzeuge zu Puffern und damit Teil der künftigen Erneuerbaren-Energie-Welt werden können, sind nicht nur anspruchsvolle technische Herausforderungen wie die Ausrichtung der Batterien auf viele kurze Lade- und Entladevorgänge sowie eine informationstechnische Integration in Smart Grids und virtuelle Kraftwerke, die räumlich verstreute Erzeugungseinheiten über das Internet verbinden, zu meistern. Insgesamt ist auf diesem Gebiet noch viel Forschungs- und Entwicklungsarbeit zu leisten. Die Autoindustrie muss auch erst noch begreifen, dass diese Transformation des Autos von der Rennreiselimouse zu einem wichtigen Netzelement tatsächlich eine Bedeutungsverschiebung darstellt und es beispielsweise auch neuer Schnittstellen zur Fahrzeugelektronik bedarf. Darüber hinaus sind Nutzungs- und Geschäftsmodelle zu entwickeln, die es erlauben, die Fahrzeuge als Verkehrsmittel zu nutzen und gleichzeitig kalkulierbare potenzielle Speicherkapazitäten zu schaffen. Das ist keineswegs trivial. Ob Privatleute ihr Verhalten nach variablen Vergütungssätzen ausrichten und etwa bei einer Starkwindprognose auf eine geplante Autofahrt verzichten, darf bezweifelt werden. Das gilt auch für andere Energieverbraucher in privaten Haushalten. Wasch- und Spülmaschinen haben ja nicht nur den Vorteil, von der lästigen Handwäsche und dem Handspülen zu entlasten. Sie tun ihre Arbeit überdies im Hintergrund. Die Wenigsten möchten darüber nachdenken, in welchem Zeitkorridor oder wie lange die Haushaltsentlastungshilfen tatsächlich laufen. Die Akzeptanz von Anweisungen, die von intelligenten Stromzählern kommen, Smart Meter genannt, ist bei privaten Stromkunden ziemlich begrenzt – das ist gesichertes Wissen aus verschiedenen Pilotversuchen.

Anders sieht es bei gewerblichen Stromverbrauchern aus. Sie reagieren üblicherweise schnell und berechenbar auf Preissignale. Energiekostenmanagement ist Teil professioneller Unternehmensführung, das Contracting mit dem Energielieferanten könnte ein verbreitetes Modell werden. Aber auch hier müssen Nutzungskonkurrenzen ausbalanciert und unterschiedliche Ansprüche ausgeglichen werden. Für Fahrzeuge gilt das allemal. Sinnvoll betreiben lässt sich das Modell E-Fahrzeuge als Teil von Smart Grids nur im Flottenbetrieb. Erste Erfahrungen gibt es bereits. Im Pilotversuch »BeMobility« auf dem Berliner EUREF-Campus sind E-Fahrzeuge der Deutschen Bahn AG Bestandteil eines vom InnoZ gemanagten Micro Smart Grids (MSG). Das

Potenzial, dass fahrende Speicher ein zentraler Baustein solcher Systeme werden, ist vorhanden, wenn sie in Schlauen Netzen vorausschauend gesteuert werden.

Der neue ordnungspolitische Rahmen: Das Schlaue-Netze-Gesetz

Schlaue Netze fallen aber nicht einfach so vom Himmel und entstehen auch nicht automatisch, sie brauchen politische Unterstützung und einen klaren rechtlichen Ordnungsrahmen. Zentral ist ein entsprechendes Gesetzeswerk, das hier einmal Schlaue-Netze-Gesetz (SchlauNetG) genannt wird. Zweck eines solchen Gesetzes ist die konsequente Förderung der erneuerbaren Energien als Basisressource für die Versorgung mit Strom, Wärme UND Mobilität. Das Gesetz soll dazu beitragen, die bestehenden Netztechniken optimal für den Einsatz der Erneuerbaren zu nutzen und den Betrieb möglichst marktkonform zu regeln, ohne dass es zu einer Überlast oder zu Versorgungsengpässen kommt. Bei der Ausgestaltung der integrierten Schlauen Netze soll den Selbstorganisationskräften der Zivilgesellschaft eine größtmögliche Chance eingeräumt werden.

Beim Entwurf eines solchen Ordnungsrahmens ist eine konsequente Trennung von Netz und Betrieb die Ausgangslage. Gemeint ist, dass für die Übertragungs- und Verteilnetzaufgaben die diskriminierungsfreie Unterstützung bei der Produktion erneuerbarer Energien oder auch bei ihrer Vermarktung zu gewährleisten ist, dass also der technische

Betreiber alle Anbieter unterstützt und seine technisch bedingte Monopolstellung nicht missbraucht. Netzgesellschaften nehmen bei der operativen Bereitstellung dezentraler Strukturen nämlich eine strategische Rolle ein. Sie sollen die Anschlusssicherung, die Versorgungsqualität sowie die Unterstützung entsprechender Geschäftsmodelle garantieren. Diese Funktion zu beaufsichtigen ist Aufgabe des gewährleistenden Staates und wird entsprechend ausgeschrieben.

Der Kerngedanke des Gesetzes besteht darin, den regenerativ produzierten Strom weitgehend von allen Umlagen zu befreien, wenn damit auch Wärme- und Mobilitätsleistungen ermöglicht, die Belastungen der Gesamtnetze reduziert werden sowie sich insgesamt die Versorgungsqualität zuverlässig und einklagbar verbessert. Dabei wird unterstellt, dass dies in dezentralen – schlauen – Netzen gelingen kann, wo die Produktion und der Konsum von Energie in der Figur des Prosumers zusammenkommen. Die Erneuerbaren sollen in ein breites Leistungsspektrum eingebunden werden und von der Selbstorganisationsfähigkeit der Zivilgesellschaft profitieren. Der Betrieb solcher Schlauen Netze soll durch das SchlauNetG ermöglicht und unternehmerisch durch eine in Aussicht gestellte weitgehende Befreiung von Umlagen stimuliert werden.

Der Gegenstandsbereich des SchlauNetG umfasst daher die Versorgung mit Strom, Wärme und Mobilität durch eine geeignete Prosumer-Struktur. Hierzu muss eine Konzession bei der Bundesnetzagentur oder bei den verschiedenen Landesnetzagenturen beantragt werden. Antragsberechtigt sind natürliche und juristische Personen, die planen, Versorgungsleistungen vollständig auf der Basis von Erneuerbaren in einer sich weitgehend selbstversorgenden Weise zu organisieren. Auf der Basis weiterhin sinkender Systemkosten dürften die Erzeugungspreise für Strom in einem Korridor zwischen acht und zehn Cent je Kilowattstunde (kWh) liegen, möglicherweise zukünftig noch darunter. Der Eigenverbrauch wird unter bestimmten Bedingungen von Umlagen, Steuern und Leitungskonzessionen befreit, um damit einerseits die Menge der Erneuerbaren weiter ansteigen zu lassen. Andererseits soll Vorsorge getroffen werden, dass es nicht länger zu ungesteuerten Einspeisevorgängen aus solchen privaten Anlagen ins Netz kommt und dass die Integration bei der Versorgung weiter vorangetrieben wird.

Um einen hohen Vernetzungsgrad und damit ein Maximum an Ausgleichsprofilen zu schaffen, ist für ein solches Vorhaben eine Startkonzession in Höhe von mindestens 100.000 Euro zu entrichten, die den Betrieb für zunächst fünf Jahre lizenziert. Damit wird auch ein Solidarbeitrag für das Gesamtnetz geleistet. Der Beitrag für die Konzession steigt mit der Größe des Bediengebietes sowie mit der Zahl der Prosumer. Natürliche und juristische Personen müssen zur Erlangung einer Konzession einen Verein, eine Genossenschaft oder eine Gesellschaft bürgerlichen Rechts (GbR) gründen, um damit einen formalen Betreiber des Schlauen Netzes zu definieren. Diese juristische Figur ist der Konzessionsinhaber. Eine dezentrale Versorgungseinheit gilt dann als Schlaues Netz, wenn eine Anschlussquote von mindestens 70 Prozent aller im Bediengebiet vernetzten Parteien erreicht ist. Diese Parteien müssen als Prosumer auch formal bestätigt werden, die Bezieher der Energie sind auch direkt an den Erzeugungsstrukturen beteiligt. Der Eigenversorgungsgrad mit Erneuerbaren darf dabei im Jahresdurchschnitt den Wert von 70 Prozent nicht unterschreiten. Der produzierte und umlagenbefreite Strom muss im Bediengebiet auch für die Unterstützung der Wärmeversorgung genutzt werden, in der die Solar- und Geothermie sowie Wärmetauscher die eigentlich tragenden Säulen darstellen. Dies gilt für alle nach der Konzessionserteilung abgeschlossenen Verträge. Bei einer Neuerteilung der Konzession nach fünf Jahren darf dann von keinem der Prosumer mehr eine Wärmeversorgung auf fossiler Basis erfolgen. Während der Erstkonzessionsphase werden Fahrzeuge mit Verbrennungsmotoren, die von den Prosumern im Bediengebiet angemeldet sind, mit einer Steuer belegt, die das 20-Fache des bis dahin üblichen Satzes umfasst. Bei einer Neuerteilung der Konzession ist es den Prosumern nicht mehr erlaubt, Kraftfahrzeuge mit Verbrennungskraftmaschinen zu halten. Ausnahmen werden in einem Übergangszeitraum nur für gewerblich genutzte Sonderfahrzeuge und für Plug-in-Hybride gewährt.

Absicht dieser Besteuerungs- oder Verbotsregelung ist es, die Einführung und Verbreitung von E-Fahrzeugen zu unterstützen. Bei einem angenommenen maximalen Zielpreis

von zehn Cent pro kWh betragen bei einem Durchschnitts-
verbrauch von 15 kWh die Energiekosten 1,50 Euro pro
100 Kilometer. Das Gesetz möchte dazu beitragen, dass
sich die höheren Anschaffungskosten schon bei mittleren
Fahrleistungen schnell amortisieren. Weiterhin ist beabsich-
tigt, dass der vorgeschriebene Eigenversorgungsanteil durch
technische Einsparungen, intelligente Nutzung und durch
einen weiteren Ausbau von Speicherkapazitäten zu gewährleisten ist. E-Fahrzeuge dürften unter diesen Bedingungen
so langfristig eine bedeutende Rolle in den Schlauen Netzen spielen.

Kreative Geschäftsmodelle und Partnerschaften

Die Betreiber von Schlauen Netzen müssen eine Energie-
versorgungshaftpflicht abschließen. Dieser in der Regel mit
einem Stromanbieter abzuschließende Vertrag regelt den
Umgang mit den übrigen Energienetzen und soll gleichsam
als Regulativ für die Last- und Verbrauchsprofile im Sinne
einer optimalen Netzauslastung dienen. Der Vertrag garantiert zunächst einmal die Belieferung mit Strom in Zeiten nicht ausreichender eigener Versorgung. Allerdings ist
davon auszugehen, dass der »Versicherungsstrom« teuer
ist, da hier die üblichen Umlagen anfallen und das Vorhal-
ten der Kapazitäten zu refinanzieren ist. Der Betreiber eines
Schlauen Netzes ist daher aufgefordert, zur Sicherung seiner eigenen Wirtschaftlichkeit Maßnahmen zu treffen. Dies
kann durch einen höheren Eigenversorgungsgrad beispiels-

weise durch die Integration von komplementären Lastprofilen oder durch die Beschaffung von Speicherkapazitäten geschehen. Es ist damit zu rechnen, dass so erhebliche unternehmerische Anreize für den weiteren Ausbau dezentraler Wärmespeicher gegeben sind. Weiterhin ist durch diesen Preismechanismus auch die Integration von E-Fahrzeugen als zusätzlicher temporärer Speicher eine interessante Option.

Denkbar ist auch, dass der Energieversicherer, wie in der klassischen Versicherungsbranche üblich, unterschiedliche Risikoklassen definiert und seine Kunden mit einer Erstattung von Prämien bei Nichtinanspruchnahme der Versicherungsleistung lockt. Das könnte dazu führen, dass entstehende Überkapazitäten an den Versicherer abgegeben werden, um die Prämie oder den Preis für die Spitzenlastversorgung zu reduzieren. Ein solcher Rückkauf von Versicherungsstrom erfolgt nur dann, wenn im Netz tatsächlich eine Unterversorgung herrscht und ein entsprechender Preis geboten wird. Über diese Vertragsbeziehungen ließe sich der Ausbau der Erneuerbaren mit einer zusätzlichen Versorgungstiefe konsequent vorantreiben, ohne dass unkontrollierbare Effekte für das Gesamtnetz entstehen. Vermutlich wird man die Rückkaufmenge des von allen Umlagen befreiten Stromes auf mittlere Sicht wieder begrenzen müssen.

Die Betreiber der Schlauen Netze können ihr Geschäftsmodell und die entsprechende juristische Konstruktion frei wählen – allerdings immer unter den Bedingungen, die vorgegebene Anschlussquote von 70 Prozent nicht zu unterschreiten. Betreiber von Schlauen Netzen könnten auch Betriebe sein. Analog zur Anschlussquote sind auch hier mindestens 70 Prozent der Beschäftigten an der zu gründenden Betreibergesellschaft zu beteiligen. Das SchlauNetG soll auch Unternehmen der gewerblichen Wirtschaft in den Stand versetzen, (wieder) stärker in die eigene Energieversorgung zu investieren, um damit auch Teil der neuen Netzstruktur zu werden. Allerdings sollte dabei auch dem Grundgedanken dezentraler Versorgungsformen gefolgt und der Beteiligungsansatz auf die Beschäftigten ausgeweitet werden. Das SchlauNetG wäre dann ein Hebel für die Weiterentwicklung der betrieblichen Mobilität. Über die indirekte Förderung von elektrischen Antrieben in Fahrzeugen sowie die formale Beteiligung der Beschäftigten bietet das SchlauNetG auf diese Weise einen Anreiz zum Ausbau eines »Corporate Carsharing«. Denn wenn die Beschäftigten Miteigentümer des Schlauen (Betriebs-) Netzes sind, fallen auch keine zu versteuernden geldwerten Vorteile an.

Weiterhin gewährt das SchlauNetG die Möglichkeit, dass sich verschiedene Schlaue Netze zu einem sogenannten Netz-Cluster zusammenschließen. Dies soll insbesondere für Stromnetze mit komplementären Lastprofilen in räumlicher Nähe gelten. Beispielsweise kann ein kleines Industriearealnetz gut zu einem Siedlungsnetz passen. Der Verteilnetzbetreiber ist dann verpflichtet, eine entsprechende Leistungsbrücke einzurichten. Voraussetzung ist allerdings, dass sich der Eigenversorgungsgrad der Netze auf einen Durchschnittswert von 90 Prozent erhöht und die Netze eine gemeinsame juristische Konstruktion finden, die als Konzessionsinhaber fungiert. Die maximale Größe eines solchen Clusters lässt das Gesetz offen, eine Verpflichtung des Verteilnetzbetreibers wird eine Kosten-Nutzen-Prüfung zur Voraussetzung haben, bei unzumutbaren wirtschaftlichen Bedingungen kann sich der Netzbetreiber durch die Landesnetzagentur von der Anschlusspflicht befreien lassen.

Wie in der jeweiligen privaten oder betrieblichen Beteiligungsform eventuelle Gewinne verwendet werden, ist vom Gesetz nicht geregelt. Selbst wenn man die Kosten der Startkonzession und die Prämien der Haftpflicht sowie die erhöhte Kfz-Steuer auf den Strompreis umlegt, ist bei tendenziell weiter fallenden Preisen für PV- und Windkraftanlagen mittel- und langfristig von sehr verbraucherfreundlichen Preisen auszugehen, die in solchen dezentralen Selbstversorgungsstrukturen realisiert werden können. Allerdings fallen weitere Kosten für die Installierung und die Abrechnung von Smart-Grid-Komponenten wie Speicher oder Umwandler an. Der örtliche Netzbetreiber ist lediglich zur Bereitstellung entsprechend geeigneter technischer Schnittstellen verpflichtet. Schlaue Netze haben, als Bestandteil der Konzession, auch eine Betriebs- und Versorgungspflicht gegenüber ihren Prosumern zu erfüllen. Die Installation eines Smart Meter, die Überwachung und Dokumentation, die Organisation der Wärme- und Mobilitätsversorgung sowie die entsprechenden Abrechnungsformate müssen von ihnen selbst oder über geeignete »Installierungs- und Betriebsgesellschaften« ausgeführt werden.

Diese dürften schnell in einer großen Zahl entstehen, da den Haus- und Wohnungseigentümergemeinschaften der operative Betrieb mit steigender Größe wahrscheinlich zu aufwendig sein wird. Vermutlich werden hier die großen Energieversorger oder etablierte Stromhändler ihre Chance sehen, vorhandene Kompetenz zu vermarkten. Denkbar ist aber auch, dass mit der wachsenden Zahl von batterieelektrischen Fahrzeugen oder Plug-in-Hybrids die Autobauer einen dezentralen Netzbetrieb als Teil einer erweiterten Dienstleistung anbieten.

Insgesamt – so jedenfalls die Intention des Gesetzes – steigen die Anreize für einen höheren Eigenversorgungsgrad. Unkontrolliert selbsthergestellter Strom belastet in der Folge die Netze weitaus weniger. Natürlich wird die Eigenversorgung in den Wintermonaten auch für Schlaue Netze ein Problem und auf absehbare Zeit wird der Zukauf für die Energieversicherung ein Thema bleiben. Da diese eingekaufte Energie in den nächsten 15 bis 20 Jahren zumindest teilweise noch auf fossiler Basis produziert werden dürfte und bei einem angenommenen funktionierenden CO_2-Zertifikatehandel im Preis dann steigen wird, kann man von einem weiteren Marktanreiz für eine höhere Selbstversorgerquote ausgehen. Vor allen Dingen ist absehbar, dass der neben dem Verkehr tatsächlich größte Verbrauchsbereich, nämlich die Versorgung mit Wärme, von neuen technischen Lösungen profitieren wird. Denn die auch in Schlauen Netzen zu erwartende temporäre Überproduktion von Strom, der nicht – oder nur sehr begrenzt oder zu extrem ungünstigen Preisen – in die Verteilnetze abgegeben werden kann, wird nicht nur eine weitere Substitution der thermischen durch die elektrische Energie vorantreiben, sondern zu neuen Wärmespeichern führen. Damit finden Maßnahmen zur Einsparung von Energie und zur Dämmung von Häusern ihren direkten ökonomischen Widerhall. Je größer der Selbstversorgungsgrad, umso lukrativer werden Effizienz- und Dämmtechniken.

Eine Schlaue Netzorganisation, die in Industriebetrieben mit größeren PV- oder Windkraft-Anlagen zur Anwendung kommt, erhöht zudem die Chancen, neue Speichermedien oder -technologien in größerem Maßstab zu entwickeln. Das können Großbatterien sein oder chemische Verfahren. Seit Jahren wird bereits über industrielle Anwendungsformen eines sogenannten »Elektrolyseurs« nachgedacht, der unter Nutzung von Stromüberschüssen durch chemische Spaltprozesse Wasserstoff erzeugt. Wasserstoff wiederum kann als CO_2-freier Energieträger in vielfacher Weise beispielsweise für Antriebe oder für die Kraft-Wärme-Kopplung verwendet werden.

Bei einer wachsenden Zahl von Schlauen Netzen oder auch Netz-Clustern wird sich naturgemäß auch der Energieversicherungsmarkt ändern. Es werden dann weniger die reinen Mengengerüste, sondern vielmehr kurzfristige und flexible Bereitstellungsformate interessant sein. Entscheidend wird sein, ob sich die Lastprofile so gestalten lassen, dass sie sich mehr und mehr komplementär entwickeln. Da aber weder jahreszeitliche Schwankungen noch die natürlichen Tages- und Nachtlinien vom Grundsatz veränderbar sind, kommt es bei den Versicherungen sehr auf die Tarifgestaltung an. Es wird also auch künftig dringlich bleiben, über weitere Speichermedien nachzudenken oder auch über jahreszeitliche Produktions- und Konsumtionsformen. Ist es denkbar, energieaufwendige Produktionen in die Sommermonate zu verlagern? Oder könnten wir uns daran gewöhnen, dass die Distribution von Waren im Winter aufgrund der höheren Anteile fossiler Strommengen schlichtweg teurer ist als im Sommer?

Die Etablierung von Schlauen Netzen sollte daher als ein Experiment starten, ob es unter überschaubaren Bedingungen und eigenverantwortlich zu gestaltenden Umständen gelingt, so viel (Speicher-)Vorsorge zu betreiben, dass auch in dunklen Monaten die für den gewünschten Lebensstil notwendige Energiemenge verfügbar ist. Spätestens hier ist man an einer gesellschaftspolitischen Grundsatzfrage angekommen. Die Entstehung von industriellen Produktionsformen konnte zur Mitte des 19. Jahrhunderts nur gelingen, weil man durch den Einsatz neuer technischer Kraftquellen die Abhängigkeit von der volatilen Wind- und Wasserkraft oder der Begrenzung durch die menschliche und tierische Unterstützung abbauen konnte. In der Selbstbeschreibung der Zivilisationsgeschichte wird diese Emanzipation von der Unbill der Natur Fortschritt genannt. Offen bleibt die Frage, wie viel Volatilität sich eine Gesellschaft leisten will und muss, die sich den Prämissen nachhaltigen Wirtschaftens verpflichtet.

Agenten des Umbaus

Stimmt der Ordnungsrahmen, dann erhalten die Akteure der Verkehrs- und Energiewende Planungssicherheit und neue Perspektiven. Diese Lektion kann man aus der Geschichte des EEG lernen. Sein Erfolgsgeheimnis lag in der für Jahrzehnte garantierten Vergütung und im Einspeisevorrang. Im Ergebnis haben vor allem private Investoren in Windenergie- und Solaranlagen investiert (vgl. Abbildung 4). Mehr als die Hälfte der Erneuerbaren-Anlagen-Kapazität von immerhin 72.900 Megawatt gehört daher Hauseigentümern, Landwirten, sonstigen Gewerbetreibenden und Genossenschaften – also der Zivilgesellschaft. Diese sind auch die potenziellen Investoren und Betreiber der Schlauen Netze, sie sind die Agenten des Umbaus.

Abbildung 4: **Eigentümerstruktur bei den erneuerbaren Energien**

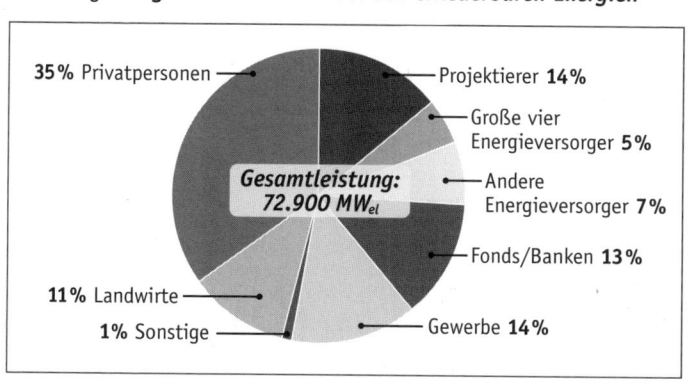

Quelle: trend research, Stand: 04/2013.

Das SchlauNetG setzt darauf, dass die Zivilgesellschaft mittlerweile über einen hohen Grad an Selbstorganisationsfähigkeit verfügt, die durch entsprechende Anreize weiter stimuliert und entwickelt werden kann. Die Aktivposten der doppelten Verkehrs- und Energiewende kommen – so die Annahme – mehrheitlich aus der Zivilgesellschaft. Neben dem Engagement von Privaten und Genossenschaften soll darüber hinaus aber auch eine Reihe von neuen geschäftlichen Perspektiven selbst für etablierte Unternehmen entstehen. Dafür kommen verschiedene potenzielle Kandidaten in Frage.

Die Autohersteller wurden bereits erwähnt. Das SchlauNetG bietet einen indirekten Anreiz für die Nutzung von E-Fahrzeugen. Diese brauchen dazu aber auch eine entsprechende Infrastruktur. Sollen elektrische Fahrzeuge über ihre Batterien dann noch selbst schlau sein, sie also nicht nur mit Strom beliefert werden, wenn dieser im Übermaß vorhanden ist, sondern als Teil der Speicherlandschaft integriert werden, dann werden neue technische Applikationen benötigt. Die Hersteller gehen mittlerweile dazu über, für ihre Fahrzeuge auch die entsprechenden Ladeinfrastrukturen mitzuliefern und außerdem Stromverträge von Kooperationspartnern anzubieten. Warum sollte man mit einem neuen, teuren Batteriefahrzeug oder Plug-in-Hybrid nicht gleich die gesamte Energieversorgung eines Kiezes, einer kleinen Siedlung oder eines Blocks auf Erneuerbare umstellen? Da die Installierung einer Stromnetz-Landschaft eine komplexe technische Angelegenheit ist, könnten sich hier neue Geschäftsfelder für Autohersteller entwickeln, die bereits in den letzten Jahren Erfahrungen im Aufbau von Infrastrukturen gesammelt haben.

Das SchlauNetG bringt auch für einen weiteren »Big Player« im Bereich der Mobilität neue Optionen. Die Deutsche Bahn (DB AG) bietet bereits mit der Einführung der ›Grünen BahnCard‹ seit April 2013 für ihre Stammkunden – zunächst bilanziell – CO_2-freie Zugreisen an, die mit den elektrischen Fahrzeugen der eFlinkster- oder Multicity-Carsharingflotte zu insgesamt CO_2-freien Reiseketten im wörtlichen Sinne verlängert werden können. Die DB AG verfügt aber auch über mehr als 5.600 Personenbahnhöfe und ein 33.000 Kilometer langes Schienennetz. Jeder Bahnhof ließe sich zu einem kleinen Schlauen Netz ertüchtigen. Zumal die DB AG gerade in ländlichen Gebieten über viele ungenutzte Flächen verfügt, wäre die Installierung von Wind- und PV-Anlagen rund um einen Bahnhof herum eine ideale Voraussetzung zur Wiederbelebung kleiner Dorf- oder Vorstadtlandschaften. Während der Fahrstrom für die Züge in der für normale Verbraucher unüblichen Frequenz von $16\frac{2}{3}$ Hertz produziert wird, finden sämtliche Anwendungen in und um Bahnhöfe herum im normalen 50-Hertz-Frequenzbereich statt und wären damit der Kristallisationspunkt für neue Beteiligungsmöglichkeiten.

Die DB AG könnte auf diese Weise als Großkonzern den Prosumer-Gedanken wirkungsvoll unterstützen. Im und am Bahnhof würden sich unter der Federführung einer Gesellschaft der DB AG Anwohner, Läden, Kneipen oder kleine

Betriebe zu einem Knotenpunkt und zu einem Schlauen Netz zusammenfinden. Sie wären gleichermaßen mit Strom, Wärme und elektrischen Fahrzeugen auf Basis erneuerbarer Energien versorgt.

Aus Verkehrssicht könnte die schon etwas ältere Idee des Bahnhofs als Multi-Modal-Arena verwirklicht werden. Um die gesetzlichen Auflagen zu erfüllen, umlagebefreiten Strom zu nutzen, sind um jeden dieser Bahnhöfe herum attraktive Beteiligungsformate zu entwickeln. Die flächendeckenden Konzernstrukturen bieten günstige infrastrukturelle Voraussetzung für die Entwicklung ländlicher oder kleinstädtischer Beteiligungsformen. Durch die lange Erfahrung des Konzerns in der Elektrotraktion von Zügen des Nah- und Fernverkehrs kann man im Übrigen einen weiteren Stimulus für den Ausbau der notwendigen Speicherlandschaft erwarten. Die Zuginfrastruktur bietet eine Reihe von Möglichkeiten, neben den elektrischen Straßenfahrzeugen weitere mobile Stromspeicher einzubringen. Da ist Fantasie gefragt. Zum Ausgleich von Lastspitzen zwischen verschiedenen Bahnhöfen könnten beispielsweise Batteriezüge Schlaue Netze gewerblichen Charakters, also mit einem primären Strombedarf an Werktagen, mit dezentralen Netzen verbinden, die ihre Verbrauchsspitzen am Wochenende haben. Der Gedanke des Netz-Clusters erhielte dann eine neue Bedeutung. Baute man dieses Prinzip aus, wäre es wiederum für die Stromversicherungswirtschaft eine interessante zusätzliche Quelle für die Bereitstellung von Energie zu Spitzenlastzeiten.

Der Bahnhof würde dann nicht nur zum Nukleus und »Enabler« zivilgesellschaftlicher und kleingewerblicher Aktivitäten, sondern gleichsam auch zum Synonym für universelle Erreichbarkeit mit CO_2-freien Mobilitätsformen. Denn nicht nur die örtlichen Prosumer könnten zu Nutzern des Fahrzeugparks werden, sondern natürlich auch anreisende Gäste und Besucher.

Szenarien
des Gelingens

Wie kann man sich nun ein Leben mit und in Schlauen Netzen konkret und im Alltag vorstellen? Solche Netzstrukturen umfassen auf alle Fälle mehr als nur Waschmaschinen, die bei starkem Wind anspringen. Es handelt sich vielmehr um umfassende, dezentrale Versorgungsformen, die untereinander so vernetzt sind, dass ein Höchstmaß an Flexibilität mit hoher Versorgungssicherheit organisiert werden kann. Im Folgenden werden vier Szenarien skizziert, die jeweils für verschiedene Anwendungs- und Nutzungsfälle stehen und die illustrieren sollen, wie wirkungsmächtig ein SchlauNetG sein könnte.

Szenario 1: Das Kiez-Netz

Die Sonne will sich einfach nicht zeigen am 4. Juni in einem an sich schönen Sommer, der Wind weht auch nicht. Es ist ein bedeckter, grauer Tag, leichter Regen fällt fast senkrecht auf die Dächer des Altbaublocks in München-Haidhausen. Das schlägt auf die Stimmung der Bewohner und – was noch schlimmer ist – es bedeutet eine faktische Urlaubssperre für Erhan Dobrindt und Gerlinde Memec, die beiden verantwortlichen Energiemanager des Wohn- und Gewerbeblocks in der Hans-Jochen-Vogel-Straße. Was normalerweise automatisch geregelt wird, kommt bei solchen Wetterlagen außer Tritt, dann herrscht hektische Betriebsamkeit. Beide müssen viel telefonieren und sich einen Überblick über die Stromnachfrage des Blocks in den nächsten 16 bis 18 Stunden verschaffen. Sie verhandeln auch ganz konkret mit den bekannten Großverbrauchern in ihrem Wohn- und Gewerbeblock, ob sie ihren Stromverbrauch für ein paar Stunden einschränken können. Gleichzeitig schicken sie eine Rundmail an alle Verbraucher – Prosumer –, die am Kiez-Netz hängen, und kündigen schon mal an, dass man nach Lage der Dinge die ungeliebte Stromversicherung in Anspruch nehmen müsse. Die Versorgungslage ist unerfreulich, das kommt nicht oft vor, aber schon ab und an, meistens aber im Spätherbst und im Winter. Denn nach allen vorliegenden Prognosen reicht der gespeicherte Strom inklusive der Rückspeisungen aus den Batterien der E-Fahrzeuge nur bis etwa 16 Uhr des kommenden Tages. Eine tatsächliche Versorgungslücke droht nicht und die Bewohner sehen der Situation auch gelassen entgegen, aber die über die Versicherung bezogene Leistung wird die Prämie für das kommende Jahr erhöhen. Außerdem kostet der Versicherungsstrom rund das Zehnfache des selbst produzierten.

Die Wirtschaftlichkeit des Kiez-Netzes – und der Stolz von Dobrindt und Memec – hängt am Nachweis eines wirtschaftlichen Betriebs und das verursacht bei einer solchen Gemengelage Stress. Mehr als zehn Cent im Jahresdurchschnitt soll hier keiner der Prosumer für seinen Strom bezahlen müssen. Immerhin sind 78 Haushalte und auch noch sieben Gewerbebetriebe zu versorgen, darunter ein temporär stromfressendes Medienunternehmen, das über ein eigenes kleines Aufnahmestudio verfügt. In gut 90 Prozent der Betriebszeit funktioniert das auch gut. Die Energiemanager haben nach einigen Erfahrungsmonaten und vielen Hochrechnungen die Produktions- und Speicherkapazitäten optimal aufeinander abgestimmt und mit der Versicherung eine günstige Prämie ausgehandelt. Aber manchmal macht das Wetter ihnen einfach einen Strich durch die Rechnung. Das ist heute so ein Tag. Die Wettervorhersagen verheißen außerdem nichts Gutes, auch morgen und übermorgen soll es trübe und windstill bleiben.

An solchen Tagen zeigt sich die Volatilität der regenerativen Energieversorgung. Wenn die Speicher leer sind und einfach kein PV- und Windstrom in Sicht ist, reicht das eigene biogasbetriebene Blockheizkraftwerk mit einer maximalen Stromleistung von 100 Kilowatt eben nur für das Nötigste. Abgesehen davon, dass – wie heute an einem lauwarmen Sommertag – die ebenfalls erzeugte Heiz- oder Kühlleistung gar nicht gebraucht wird. Übrigens auch nicht außerhalb des Kiez-Netz-Blocks. Die Heizenergie verpufft immer noch einfach so. Das ist schade, aber bei einem BHKW nicht vermeidbar. Zusätzliche elektrische Leistung muss teuer zugekauft werden. Da das Wetter im gesamten Münchner Raum ähnlich ist, sind Dobrindt und Memec nicht die Einzigen, die externen Strom nachfragen. Das Angebot ist knapp, fast nur österreichischer Wasserstrom und teurer Strom aus Gaskraftwerken, die ansonsten abgeschaltet sind und eine Vergütung als Rückfallreserve erhalten, fließt dann in die begierigen lokalen Teilnetze. Gesetzlich sind Smart Grids, die meistens als Genossenschaft oder als GmbH organisiert sind, dazu verpflichtet, eine solche Energiereserveversicherung abzuschließen, weil erneuerbare Energien nun mal nicht mehr wie früher zu Zeiten des EEG das Privatvergnügen von Zahnärzten und Bauern sind, sondern in den Schlauen Netzen jetzt Versorgungsverpflichtungen übernommen werden. Die Bundesnetzagentur überwacht diese Auflage und sorgt zugleich dafür, dass es einen funktionierenden Markt für Energieversicherungen gibt, damit keine Abhängigkeiten von Monopolanbietern entstehen. Die Versicherungen sind eigentlich Energiehändler. Sie beobachten permanent die Kapazitätsmärkte und tätigen sogar selbst Investitionen in Kapazitäten, wenn nicht genügend Lieferanten unter Vertrag genommen werden können. Alle größeren Energieversorger haben mittlerweile schon solche Dienstleistungsunternehmen ins Leben gerufen.

So viel wie nötig, so wenig wie möglich

Herr Dobrindt und Frau Memec setzen alles daran, möglichst wenig Versicherungsleistung in Anspruch zu nehmen. Sie sind stolz darauf, dass sie eine nur geringe vierteljährliche Versicherungsprämie zahlen, diese würde sich im nächsten Quartal jedoch deutlich erhöhen, wenn sie die Versicherung zu oft und vor allem zu lange in Anspruch nehmen müssten. Sie kennen die Prämienkalkulationen aus diversen Musterrechnungen und wissen daher, was sie den Verbrauchern im Kiez-Netz als Kompensation anbieten können. So sorgen sie aus eigenem Interesse für ein Optimum zwischen Nachfragedrosselung und Angebotserhöhung. Normalerweise gibt es für Smart Grids professionelle Dienstleister, aber im Kiez-Netz wird das alles noch basisdemokratisch selbst übernommen, und wenn dann mal eine Versorgungslücke droht, auf manuellen Betrieb umgestellt. Erfahrene Stromnetz-Unternehmen zu beauftragen, hatten die Genossen mehrheitlich abgelehnt. Die beiden Kiez-Netz-Manager haben selbst kleine technische Helfer – Software-Programme, Regler, Sparstecker – installiert, mit denen sie kurzfristig Lastverschiebungen erreichen. Alle Kühltruhen sind beispielsweise im Netzgebiet miteinander verbunden. Sie können jederzeit die Ist- und Soll-Temperaturen abrufen und wenn nötig die Kühlleistung bis zum Solllevel aussetzen. Dies ist schon deshalb eine interessante Option, weil der Fisch- und Delikatessenladen im Quartier über hohe Kühlkapazitäten verfügt.

Auf der letzten Mitgliederversammlung von Kiez-Netz erhielten beide viel Lob. Mehrheitlich war man sehr zufrieden, wie kostengünstig und gleichzeitig kommunikativ geschmeidig die beiden diese Balance gehalten haben. Obendrein gab es viel Anerkennung dafür, dass jetzt auch eine Fahrzeugflotte mit zehn Pkw, fünf Großraumfahrzeugen sowie zwei Transportern und rund 50 Pedelecs von Herrn Dobrindt und Frau Memec gemanagt werden und den Bewohnern und Gewerbetreibenden in der Hans-Jochen-Vogel-Str. zur gemeinschaftlichen Nutzung zur Verfügung stehen. Die Fahrzeuge sind Teil der Speicherarchitektur. Nach einigen Monaten konnten die Nutzungsstrukturen so stabil berechnet werden, dass immer genügend Fahrzeuge gleichzeitig am Netz hängen und auch für den Betrieb verfügbar sind.

Verkehrsverhalten ist in aller Regel – und dies zeigt sich auch beim Kiez-Netz – eingebunden in Routinen und leicht vorhersagbar. Zur Not kann jeder Bewohner auf die Carsharing-Angebote eines befreundeten Unternehmens um die Ecke zurückgreifen. Mittlerweile hat über zwei Drittel der Haushalte kein eigenes Auto mehr. Die gute Verfügbarkeit und die günstigen Betriebskosten der E-Mobile machen die eigenen Verbrennungsfahrzeuge zunehmend unwirtschaftlich. Allerdings hat die Hans-Jochen-Vogel-Str. eine exzellente Verkehrsanbindung und die meisten Bewohner können die innerstädtischen Ziele mit dem Fahrrad oder mit der U-Bahn erreichen. Es ist daher auch nicht verwunderlich, dass nahezu alle Genossen sich aus den vom Kiez-Netz verhandelten Rahmenverträgen mit den überregionalen Mobilitätsanbietern bedienen. Mittels Smartphone steigen sie einfach in das gewünschte Verkehrsmittel ein. Ob die U-Bahn direkt um die Ecke, die S-Bahnen oder die Regio- und Fernbahnen, alle Verkehrsmittel sind mit dem Smartphone zugänglich und werden am Ende des Monats abgerechnet. Die Preise berechnen sich je nach Nutzungsintensität, Entfernungen, Geschwindigkeit und CO_2-Ausstoß.

Doch zurück zum akuten Problem. Sorge macht den Kiez-Netz-Energiemanagern bei der Abwendung der erhöhten Prämie für die Energieversicherer eigentlich nur die Medienfirma Munich-Pictures. In ähnlichen Fällen konnte man sich verständigen, dass stromintensive Arbeiten verschoben werden und ein interner Ausgleich dafür gewährt wird. Denn das oberste Ziel bleibt natürlich, die Kosten für die Genossen so gering wie möglich zu halten. Diesmal ist die Lage eine andere: Munich-Pictures muss einen Großauftrag mit strikter Terminvorgabe abarbeiten und kann leider zu einer Lastverschiebung nichts beitragen. Im Gegenteil, in den nächsten Tagen, wenn die Windflaute und der verhangene Himmel so sicher wie selten sind, braucht man sogar mehr Strom als sonst. Die Lichtanlage des Aufnahmestudios, wo insgesamt sieben volle Tage gebucht sind, verbraucht mehr als alle Privathaushalte im Block zusammen. Da ist auch mit einem intelligenten Lastmanagement nichts zu machen.

Das Gespräch zwischen Dobrindt und Memec mit der Geschäftsführung von Munich-Pictures verläuft jedoch entspannter als gedacht. Denn in dieser Situation einer mehrtägigen Erneuerbaren-Stromlücke und nachgewiesenermaßen vorliegenden Aufträgen greift die Kammerenergieversicherung, die Munich-Pictures bereits mit ihrem obligatorischen Beitritt in die Industrie- und Handelskammer (IHK) freiwillig abgeschlossen hat. Wohl wissend, dass es mehrmals im Jahr zur Spitzenlast kommen kann, die vom Kietz-Netz nicht beherrschbar ist, ohne den Solidargedanken zu sehr zu belasten. Es handelt sich um eine Zusatzversicherung für Gewerbebetriebe, deren Prämie nach dem durchschnittlichen Stromverbrauch gestaffelt ist. Sinn und Zweck dieser IHK-Dienstleistung ist es, stromintensiven Gewerbetreibenden eine zusätzliche Bezugsoption zu bieten, um die Versicherungsprämien der Schlauen Netze nicht ungebührlich in die Höhe zu treiben. Mit solchen Verträgen lässt sich bei den Unternehmen in der Regel eine gute Risikostreuung erzielen und die Prämien bleiben niedrig. Die Bedingungen für die Inanspruchnahme sind allerdings streng, denn Selbstregulierungsmechanismen der dezentralen Netze sollen Vorrang haben. Diesmal jedoch kann Munich-Pictures nachweisen, dass ein Produktionsausfall droht. In der Praxis bedeutet das, nach kurzer Prüfung durch die Kammer, dass die unter Vertrag genommenen Energieversorger entsprechende Kapazitäten verfügbar machen und die Munich-Pictures mit Strom zum gewerblichen Einheitstarif von 30 Cent je Kilowattstunde beliefert. Die IHK selbst hat Rahmenverträge mit mehreren Energieversorgern geschlossen, um hochmoderne Gaskraftwerke, die in aller Regel mit Windgas aus überschüssiger Windenergie befeuert werden, bei Bedarf einzusetzen. Technisch läuft die Verknüpfung mit dem übergeordneten Stromnetz reibungslos. Dobrindt und Memec werden über alle Schritte informiert, müssen aber selbst nichts tun. Die Bundes- und Landesnetzagenturen wachen streng über den diskriminierungsfreien Austausch und auch darüber, dass keiner der Geschäftspartner unzulässige technische Hürden einbaut.

Szenario 2: Das Nachbarschaftsnetz

Aber auch außerhalb der Städte sind Schlaue Netze vorstellbar. Sogar in suburbanen Wohnstraßen lassen sich mit Fantasie und gutem Willen Netzzusammenschlüsse organisieren. So auch im folgenden Fall, bei dem sich ein halbes

Dutzend Haushalte in schmucken Einfamilienhäusern auf die Zeiten nach der EEG-Vergütung einstellen und damit anfangen, sich in die neue Prosumer-Welt einzudenken. Auf Initiative eines Vorruheständlers in der Straße finden sich zunächst einige sonnenstromerzeugende Haushalte zum Nachbarschaftsnetz zusammen. Unterstützt durch eine erfahrene »Micro Smart Grid Entwicklungs- und Betriebsgesellschaft« beginnen sie damit, auch die energie- und verkehrskritischen Agglomerationsräume erfolgreich zu dezentralisieren.

Im Frühherbst wird in der Georg-Simmel-Straße im schwäbischen Nürtingen ein Jubiläum gefeiert. »Fünf Jahre Nachbarschaftsnetz« steht auf einem alten Bettlaken, das über die Straße gespannt wurde. Darunter eine Plakatwand mit Bildern stolzer Anwohner der Straße, sie positionieren sich vor ihren Häusern, die mit imposanten PV-Anlagen bestückt sind. Manche zeigen auf kleine Windkraftanlagen, die im Garten stehen. Drumherum eine Reihe von schicken E-Fahrzeugen, Lastenfahrrädern und Pedelecs. Die Fotowand sieht nicht zufällig so aus, wie sie aussieht. Die Bildauswahl passt zur gewollten Botschaft, die ein starkes schwäbisches Bürgerverständnis offenbart: »WIR sind die Energie- und Verkehrswende«. Was einmal mit sechs Teilnehmern und einer GbR zur gemeinsamen Nutzung von PV-Strom begann, ist mittlerweile eine Energiegenossenschaft mit 16 teilnehmenden Haushalten geworden, zwei Drittel der gesamten Simmelstraße sind bislang dabei. Die Genossenschaft Nachbarschaftsnetz Simmelstraße betreibt ein gleichnamiges Smart Grid, das es erlaubt, sämtlichen erneuerbar erzeugten Strom zu bündeln und allen beteiligten Haushalten zugänglich zu machen.

Die Grundidee ist einfach: möglichst viel PV- und Windstrom selbst verwenden. Auch das Motiv ist klar: Die Schwaben hatten schnell erkannt, dass mit sinkenden Kosten für PV- und Windkraftanlagen der Strom so günstig selbst zu produzieren war, dass man damit auch Wärme erzeugen und Autos antreiben konnte. Man musste lediglich das Heft selbst in die Hand nehmen. Nach Jahrzehnten der permanenten Strompreissteigerungen kostet eine Kilowattstunde Strom aus dem großen Netz für Privatkunden mindestens einen halben Euro. Die Genossen in der Simmelstraße zahlen dagegen zehn Cent je Kilowattstunde. Darin sind neben den Produktionskosten bereits sämtliche Kosten für die beauftragte Betriebsgesellschaft enthalten, die man zur Erleichterung der komplexen Steuerung an Bord genommen hat.

Den Impuls setzten die PV-Pioniere. Sie waren nach und nach aus der 20-jährigen Einspeisegarantie des EEG gefallen und hätten ihren Grünstrom selber direkt oder über die Strombörse vermarkten müssen. Das wäre mühsam und kaum lohnend gewesen, weil gerade dann, wenn die Sonne scheint, der Strompreis in den Keller geht. Selten betrug der Erlös mehr als acht Cent je kWh, was bei 15 kWh Sonnenstromernte ganze 1,2 Euro an Einnahmen bedeutet hätte. Schnell war die Idee geboren, doch den Strom aus den abgeschriebenen Dachanlagen gemeinsam selber zu nutzen und sich damit gleichzeitig Schritt für Schritt von den teuren Stromlieferanten unabhängig zu machen. Das Motiv zum gemeinsamen Handeln war wiederum aus dem schwäbischen Urtrieb entstanden, unsinnige Ausgaben zu vermeiden.

Ein Lehrerpaar aus der PV-Pioniergruppe verbrachte seit Jahren die kompletten Oster- und Sommerferien in seinem Ferienhaus an der Nordsee, während im heimischen Nürtingen die eigene Solaranlage ihren Strom ins anonyme Netz speiste, was eben kaum Erlöse brachte. Man hatte das Gefühl, Sonnenstrom zu vergeuden. Gemeinsam konnte man schon bei den ersten sechs Haushalten erkennen, dass die Tagesganglinien des Stromverbrauchs zwar durchaus ähnlich, im Detail aber doch entscheidend unterschiedlich und daher bereits für eine Lastverteilung geeignet waren. Flexible Arbeits- und Lebensformen hatten mittlerweile auch im Schwäbischen Einzug gehalten.

Als Bundestag und Bundesrat dann endlich das SchlauNetG verabschiedet hatten, war die Nürtinger Pioniergruppe längst vorbereitet. Die Beantragung der Konzession bei der Landesnetzagentur war trotz der schmerzlichen Gebühr von 100.000 Euro beschlossene Sache. Zunächst bildete man im lockeren Verbund eine GbR. Schon nach zwei Jahren gründete man eine Genossenschaft, in der die PV-Anlagen als »Anteile« eingebracht wurden. Die Genossen einigten sich auf eine Umrechnungsformel, nach der jedes Kilowatt Peak der Erzeugungsanlagen (mit einem zehnprozentigen Abschlag wegen des Alters) einem Wert von 500 Euro entspricht, also eine Sechs Kilowatt-Anlage mit 2.700 Euro als Genossenschaftsanteil angesetzt wurde. Alle Anlagen lagen zwischen vier und zwölf Kilowatt

Peak, damit war die erste größere Teilsumme der Mindestbeteiligung von 1.800 Euro faktisch definiert, dazu kamen 700 Euro für einen kleinen Rücklagentopf.

Professionelle Unterstützung spart Zeit und Kosten

Sehr schnell erkannte die Gruppe allerdings auch den hohen Aufwand, der über eine Feierabendbeschäftigung hinausging. Man hatte sich mit der Konzession die Verantwortung für sein eigenes Versorgungsgebiet ans Bein gebunden. Während man sich früher zu Zeiten des EEG nach der Anfangsinvestition um nichts mehr kümmern musste, hatte man als Schlaues Netz eine Verantwortung, die mit Auflagen verbunden war. Es blieb nicht aus, dass Dorfnachbarn, die beim örtlichen Stromversorger beschäftigt waren, mit Häme und Kritik über die »Laienschauspielgruppe« nicht sparten.

Wie es im Leben aber immer so kommt: Der Sohn eines Genossen aus dem Nachbarschaftsnetz hatte sich mit einem Kumpel aus Stuttgart zu einer »Smart Grid Entwicklungs- und Betriebsgesellschaft« zusammengeschlossen, um Inhaber von Schlauen Netzen beim Aufbau, bei der Betriebsführung und auch bei der Abrechnung sowie bei allen Problemen gegenüber der Netzgesellschaft zu unterstützen. Die waren nunmehr – und wurden von allen auch so genannt – die Kümmerer und auch froh darum, mit dem Auftrag vom Nachbarschaftsnetz einen ersten Referenzkunden gewonnen zu haben. Vierteljährlich wurde der Genossenschaft über den Stand der Dinge berichtet und diese Dienstleistung zunächst pauschal nach

Aufwand abgerechnet. Die Ausstattung und Auslegung der technischen Infrastruktur, die Verhandlungen mit dem Verteilnetzbetreiber über die Installierung einer Zählstation waren dabei nur ein Teil des Aufgabenprofils. Gleichzeitig gingen die Jungunternehmer den verschiedenen Lastverläufen systematisch nach und installierten eine Software, um die bisherigen Stromflüsse mit kurz- und mittelfristigen Wetterprognosen zu koppeln. Auf Grundlage der so gewonnenen Daten simulierten sie verschiedene Versorgungsgrade und konnten den Genossen plausibel klar machen, dass sich eine Anschaffung von Batteriespeichern lohnen würde. Ein Mitglied der Genossenschaft stellte einen Privatkredit über 10.000 Euro zu einem günstigen Zinssatz, sodass die Genossen Batteriekapazitäten mit einer Leistung von fast 40 Kilowatt Peak aufbauen konnten. Innerhalb von wenigen Wochen erhöhte sich die Selbstversorgungsquote auf deutlich über 70 Prozent und so konnten die Auflagen des Gesetzgebers gerade noch kurz vor Überschreitung der Übergangsfrist eingehalten werden. Solche Erfolge beflügeln natürlich. Schnell wuchs die Genossenschaft um weitere Prosumer an. Der Privatkredit wurde mit den Einlagen der Neumitglieder vorfristig zurückgezahlt und zweieinhalb Jahre nach der Kreditaufnahme war die Genossenschaft wieder schuldenfrei.

Inzwischen sind sogar viele frühere Skeptiker in der Simmelstraße überzeugt. Einige wollten keine PV-Anlage auf ihrem Dach (oder hatten nur verschattete Dachflächen), andere fanden Kleinwindräder im Garten nicht wirklich schön. Um dennoch Mitglied in der Genossenschaft werden zu können, mussten sie nicht nur die übliche Mindesteinlage von 2.500 Euro zahlen, sondern auch einen zusätzlichen materiellen Anteil zum Schlauen Netz beitragen. So haben die jüngsten vier Genossen gebrauchte Batteriemodule erworben und diese als Puffer für überschüssigen erneuerbaren Strom in ihre Keller oder Dachstühle installiert. Diese in die Jahre gekommenen Lithium-Ionen-Batterien kosteten je Kilowatt Peak nicht mehr als 60 Euro und hatten eine nur wenig verminderte Leistungsfähigkeit. So sind über 100 Kilowatt Peak zusammengekommen, die vor allem die Mittagsspitzen beim Solarstrom auffangen und damit das lokale Netz stabilisieren. Die Kümmerer, das kleine Start-up, waren sehr stolz auf den Umstand, dass mit der Architektur des kleinen Schlauen Netzes ein stabiler Versorgungsgrad von über 90 Prozent entstanden war, der sich auch in einer niedrigen Prämie für die Energieversicherung niederschlug.

Während die Übernahme der Gesamtverantwortung der als Laienschauspielgruppe diffamierten Genossenschaft ›Nachbarschaftsnetz‹ anfangs schon eine mentale Anstrengung darstellte, ging der Übergang von den üblichen diesel- und ottomotorbetriebenen Fahrzeugen auf die modernen Plug-in-Hybride erstaunlich schnell über die Bühne. Mittlerweile fahren nicht nur die Mitglieder der Genossenschaft fast ausnahmslos E-Fahrzeuge, sondern fast alle im ganzen Ortsteil haben sich umgestellt. Denn immer wenn es eine Stromüberproduktion gibt, kann man sich an definierten und ausgeschilderten Ladepunkten umsonst mit Strom eindecken. Die Zeiten wurden als Nachricht im Abo-Service (sogenannte »Push Infos«) verbreitet, aber mittags oder an Sonntagvormittagen kann man sich fast blind auf den kostenfreien Strom verlassen. Diesel- oder Benzinautos mit sehr teuren Kraftstoffkosten wirken da wie Dinosaurier aus einer untergegangen Welt.

Die Versorgungssicherheit des kleinen Netzes ist mittlerweile gewährleistet und das Geschäft mit dem selbstgemachten Strom boomt. Am Ende des Straßenfestes sind noch einmal drei neue Genossen dazugekommen. Sie wollen alle drei ihre Fassaden mit neuen, extradünnen und farblich flexiblen Photovoltaikbeschichtungen aufwerten und diese zusätzlichen Kapazitäten ins Schlaue Netz einbringen. Für den November ist eine Versammlung angesetzt, die von den Kümmerern vorbereitet wird und in der die nächsten Schritte beschlossen werden sollen, um die Auflagen des SchlauNetG für die Neubeantragung der Konzession erfüllen zu können. Die sehen vor, ein Mini-BHKW mit rund 100 Kilowatt Heiz- und etwa 50 Kilowatt Stromleistung zu installieren. Denn bei aller Begeisterung für die Stromversorgung und die Plug-in-Hybrids: Geheizt werden die Einfamilienhäuser in der Simmelstraße nach wie vor mit Gas. Nur sechs Mitglieder der Genossenschaft haben eine kombinierte Solarthermie-Gasheizung und zwei heizen mit einem effizienten Wärmetauscher auf Basis bodennaher Geothermie. Das ist ein schwaches Bild.

Mit einem BHKW kann man einen großen Schritt in Richtung CO_2-freie Wärmeversorgung gehen. Die Kümmerer haben eine ziemlich ausgereifte Technik und darüber hinaus eine Beteiligung der Genossenschaft an einem Windpark circa 35 Kilometer entfernt Richtung Schwäbische Alb vorgeschlagen. Da werden für einen neuen mittelgroßen Windpark noch Investoren gesucht, die zugleich an einem Experiment teilnehmen können und wollen, nämlich zu Starkwindzeiten überschüssigen Windstrom in Wasserstoff zu verwandeln und diesen wiederum zeitversetzt in BHKWs sowie in Fahrzeugflotten mit Brennstoffzellen einzusetzen. Um die Auflagen des SchlauNetG zu erfüllen und damit auch zukünftig sehr billigen Strom zu erhalten, stimmt die Genossenschaft dem Vorschlag der Kümmerer zu. Sie werden auch die Wärmeversorgung auf Basis der Erneuerbaren organisieren.

Szenario 3: Das Baugruppennetz

Bleiben wir bei der Zukunftsmusik erfolgreicher Selbstorganisation. Neben dem Schlauen Netz im Altbau-Kiez und dem Nachbarschaftsnetz in der suburbanen Einfamilienidylle ist ein dritter Typ eines lokalen Schlauen Netzes als weiterer Prosumer sehr interessant, nämlich das Baugruppennetz. Dafür tun sich eine Reihe von Familien und Einzelpersonen zusammen, um organisiert und Kosten minimierend innerstädtische Wohnungen zu errichten. Das Baugruppenmodell ist ein Gegenmodell zum privaten Investor, der im eigenen Risiko baut und dann die Wohnungen am Markt zu Höchstpreisen verkauft. Es ist zugleich eine Alternative zur kommunalen (oder auch privaten) Wohnungsbaugesellschaft, die in standardisierter Mehrgeschossweise Wohnungen von der Stange baut und dann versucht, diese über Mieteinnahmen zu refinanzieren.

Baugruppenmitglieder entwerfen und gestalten die eigenen Bauvorhaben weitgehend selbst und bündeln dabei Kompetenzen und Ressourcen. Von den Mitgliedern wird allerdings auch erwartet, dass sie sich in das Projekt einbringen. Engagement und die Bereitschaft, sich in die baulichen, energetischen, aber auch in soziale und finanzielle Aspekte des Gruppenprojektes einzuarbeiten, ist tatsächlich meistens hoch. So auch in unserem Fall, einem Baugruppennetz in Berlin-Tempelhof.

Es ist Frühjahr in Berlin-Tempelhof. Der erste Rohbau des Baugruppennetzes auf einem ehemaligen Ikea-Gelände ganz in der Nähe vom Bahnhof Südkreuz und abgegrenzt durch die mittlerweile überbaute Stadtautobahn A 100 ist fertig. Die Macher der Baugruppe haben zum Umtrunk eingeladen. Mehr als zwei Drittel der Baugruppen-Mitglieder sind gekommen um anzustoßen.

Lange hatten die meisten von ihnen nicht daran geglaubt, dass das ehrgeizige Vorhaben tatsächlich zur Umsetzung kommt. Denn die Baugruppe hat sich eine annähernd vollständige Selbstversorgung nicht nur beim Strom, sondern auch bei der Wärme und Kühlung sowie bei der eigenen Verkehrsversorgung vorgenommen. Nach fast eineinhalbjähriger intensiver Recherche und Diskussion war man hinsichtlich der Wirtschaftlichkeit unsicher geblieben. Nach dem Inkrafttreten des SchlauNetG waren jedoch stabile Rahmenbedingungen gerade für solche Gemeinschaftsvorhaben entstanden und man konnte endlich loslegen.

Die rechtliche Konstruktion der Gruppe hat sich bewährt: Getragen wird die Tempelhofer Baugruppe von der eigens geschaffenen Genossenschaft gleichen Namens. Alle künftigen Bewohner sind mit einer Einlage von 1.000 Euro Genossin oder Genosse geworden, immerhin 158 Personen. Die Generalversammlungen sind entsprechend aufwändig und teilweise turbulent. Die eigentlichen Macher sind im fünfköpfigen Vorstand engagiert. Das sind alte Hasen aus der Bau- und Energieszene, die in dem Projekt auch ihre eigenen Wohn- und Lebensperspektiven fürs Alter realisieren wollen. Jeder der fünf Vorständler hat einen Geschäftsbereich und ist dafür durch langjährige, erfolgreiche Projektarbeit ausgewiesen. So ist eine erfahrene Projektfinanziererin dabei, ein Architekt mit Expertise für Energieplushäuser, eine Mobilitätswirtin, die für viele Unternehmen und Kommunen integrierte Mobilitätskonzepte umgesetzt hat, ein Bauingenieur, der schon lange im Wärme- und Heizungsgeschäft tätig ist, sowie eine Softwaredesignerin mit großer Erfahrung in technischer Vernetzung im IuK-Bereich und im Design von lokalen Netzwerken. Im Aufsichtsrat sitzen neben fünf in der Generalversammlung gewählten Vertretern aus der Genossenschaft noch drei erfahrene Experten aus der Berliner Stadtumbauszene.

Trotz der beeindruckenden Professionalität des Vorstandes und einer scharfen Prüfung durch den Aufsichtsrat stockte die Planung im ersten Jahr immer wieder. Wo es keine Vorbilder und bewährten Blaupausen gibt, muss um Lösungen gerungen werden, die von möglichst vielen mitgetragen werden können. Insofern sind die Konflikte und Bruchstellen beim Baugruppennetz typisch für Gemeinschaftsvorhaben, die zudem den Anspruch haben, »die Welt zu retten«. Zwar ist mit dem Schlau-NetG ein ordnungspolitischer Rahmen gesteckt, doch das Tun vor Ort, die Bildung einer Versorgungsgemeinschaft, gestaltet sich schwierig.

Es sind vor allem drei Probleme, die an verschiedenen Stellen aufbrechen und die deutlich machen, dass dezentrale Netze ein aufwendig zu organisierendes Gebilde darstellen:

◆ **Zielkonflikte:** Nicht immer passen die selbst definierten Vorgaben und Wünsche der Genossenschaftler zusammen. Einige Konflikte sind uralt, ruhiges Wohnen und Sportflächen beißen sich einfach. Andere sind neu: Häuser, die mehr Energie produzieren als sie selbst brauchen, sind gedämmt wie Kühlschränke. Sie sind nach Süden ausgerichtet und die Fassaden sind obligatorisch mit Solarzellen bestückt. Dadurch ist der Gestaltungsspielraum ziemlich eingeschränkt, damit möchten sich einige Bauherren nicht abfinden. Sie streiten für eine individuelle Gestaltung ihrer künftigen Wohnungen und schimpfen regelmäßig auf die Vorgaben der Architekten. Ein anderer altbekannter Zielkonflikt ist das Verhältnis von privaten zu gemeinschaftlichen Flächen. Unter der Rhetorik vom »Gemeinsam Wohnen und Leben« schlummern die entscheidenden Fragen: »Wo hört meine Privatwohnung auf? Wo beginnt die Gemeinschaftsfläche?« Auf der Generalversammlung taucht regelmäßig die Frage auf: »Wie viel Allmende wollen wir überhaupt?« Dieses Thema wird dann immer wieder mit der Frage verknüpft: »Wollen wir ein Schlaues Netz werden?«

Früher konnte man einfach einspeisen und alle Sorgen und Nöte auf den örtlichen Netzbetreiber oder den Stromlieferanten abwälzen. Jetzt muss man Verantwortung mit einer Reihe von Verpflichtungen übernehmen. Wer garantiert den Erfolg? Sicherlich, einige sind rührige Netzwerker, andere wollen zwar eine ökologisch korrekte Heimstätte, aber über das Wo und Wie einfach nicht nachdenken.

♦ **Kosten:** Eng mit den Zielkonflikten hängen die Kostenverteilung und insbesondere die Umlagefinanzierung für Gemeinschaftsaktionen zusammen. Es ist oft mühsam, sich auf Umlagesätze zu einigen. Erschwerend kommt im Fall Baugruppennetz dazu, dass einige der ambitionierten Vorhaben wie beispielsweise die Energiespeicher und die Brauchwasseraufbereitung hohe Investitionen erfordern, die sich erst über einen langen Zeitraum amortisieren. Weil sie Teil der kollektiven Infrastruktur sind, müssen sie ebenfalls über eine Umlage finanziert werden. Auch wenn also die Kosten für die eigenen Wohnanteile durch Mengeneffekte und durch ein professionelles Baumanagement im erfreulichen Rahmen bleiben, sind die Umlageanteile relativ hoch. Im konkreten Fall ist das Verhältnis fast eins zu eins zwischen Eigenbau- und Umlageanteil. »Was ist, wenn der Strompreis nicht unter zehn Cent gehalten werden kann?« und: »Ist es überhaupt sinnvoll, einen Eigenversorgungsgrad von 90 Prozent und mehr anzustreben?« Fragen, die für Unmut sorgen, zumal auch die finanzierenden Banken bei Schlauen Netzen irritiert nachfragen, wo denn die Sicherheiten für die Gemeinschaftsprojekte seien. Üblicherweise legen sie einen Risikozuschlag auf den Baukredit, was wiederum bei den Genossinnen und Genossen die Skepsis erhöht. Ein möglicher Ausweg könnte sein, öffentliche Förderprogramme für die Infrastrukturvorhaben in Anspruch zu nehmen oder zumindest eine öffentlich-rechtliche Finanzierung beispielsweise über die Kreditanstalt für Wiederaufbau (KfW) zu erhalten.

◆ **Komplexität:** Die Schattenseite des ambitionierten Projektes Baugruppennetz ist seine hohe Komplexität. Nicht nur die Finanzierung, auch die verschiedenen Energietechniken und ihre Vernetzung sind alles andere als trivial. Schlaue Netze, in denen Strom- und Wärme-/Kälteerzeugung sowie der Verkehr integriert werden, sind sehr ambitioniert. Oft gibt es keine bewährten Routinen, es muss experimentiert und improvisiert werden. Das führt dazu, dass außer einigen Spezialisten niemand wirklich mitreden kann. (Was übrigens auch für das Selbstverständnis der engagierten Genossinnen und Genossen manchmal ein Problem ist). Die innovative Technik, vor allem die hinterlegten Steuerungsprogramme, droht die Nutzer zu überfordern. Trotz aller Öko-Rhetorik und einem generell verbreiteten Kenntnisstand über ökologische Wirkungsketten möchten die allermeisten Baugruppenbewohner nicht ständig über das Heizen, Kühlen, Lüften und den Stromverbrauch oder das Stromsparen nachdenken. Die Genossen verhalten sich da nicht anders als andere: Im Alltag dominieren Nutzungsroutinen und Entscheidungsvermeidung. Das gilt auch für die Mobilität. Kaum jemand hat Lust darauf, ständig aufs Neue über alltägliche Wege nachzudenken und darüber, welches Verkehrsmittel denn nun das günstigste und ökologischste ist. Die abstrakte Regel lautet: Alltagshandeln erfordert Komplexitätsreduktion. Für das ehrgeizige Baugruppennetz bedeutet das, dass es gelingen muss, einfache und routinefähige Nutzungsmuster für komplexe technische Vernetzungen zu entwickeln.

In der Genossenschaft in Berlin Tempelhof kamen diese Fragen und Probleme im Vorfeld und auch noch im ersten Jahr des Projektes immer wieder auf den Tisch. Die hitzigen Debatten erzwangen schließlich zwei wichtige Entscheidungen. Ausgehend von dem immer wieder bejahten Wunsch nach einer CO_2-freien Gemeinschaftssiedlung, entschied die Genossenschaftsgeneralversammlung auf Wunsch des Vorstandes, einen professionellen Stromnetz-Manager mit dem Betrieb des Neubaunetzes zu beauftragen, um damit eine Entlastung im operativen Betrieb zu schaffen.

Die Idee, kleine Netzgemeinschaften in die Versorgungslandschaft einzubeziehen, war zwar vom Gesetzgeber gut gemeint, überforderte aber diejenigen, die erst in den Prozess der Gemeinschaftsbildung eingetreten waren. Eine weitere Entscheidung ließ ebenfalls mehr Gelassenheit einkehren. Alle Genossen, die diesen Weg nicht mitgehen wollten und denen der Grad an gemeinschaftlichem Versorgungsdenken zu viel war, konnten ihre Anteile an die Genossenschaft zum Nennwert plus einen kleinen Aufschlag zurückgeben. Am Ende blieben die schon erwähnten 158 Mitglieder übrig, die den Weg des Schlauen Netzes fortführten.

Postfossile Verkehrsstrukturen von Anfang an

Dieser Prozess der Findung hatte den unschätzbaren Vorteil, dass nicht nur eine Anschlussquote von 100 Prozent erreicht wurde, sondern dass zudem keiner der Bewohner beim Bezug der Wohnungen mehr über ein eigenes Fahrzeug verfügte. Man hatte ja genügend Zeit gehabt, sich auf den neuen Zustand vorzubereiten. Hilfreich war auch, dass dem Baugruppennetz vom Start weg ein perfektes Angebot für die kleine Siedlung geboten wurde. Die Mitglieder schlossen beim Einzug lediglich einen Rahmenvertrag über ein definiertes Mobilitätsbudget ab, bei dem im Grunde nichts anderes als die Stammdaten, die Zahlungsmodalitäten sowie das Budget selbst hinterlegt wurden. Von nun an ist das Smartphone das »Passepartout« für den ganzen Verkehr. An definierten Ecken der Siedlung stehen Fahrzeuge, die unkompliziert via Smartphone geöffnet und genutzt werden können. Man kann mit ihnen beliebig weit fahren und sie einfach in der Stadt stehen lassen. Natürlich ist die Nutzung aller Busse und Bahnen im ganzen Land mit dem Smartphone möglich. Ein kurzes aktives Check-in genügt und man ist drin in der schönen neuen Verkehrswelt. Der Preis wird durch den Stromverbrauch sowie die Geschwindigkeit berechnet. Schnelles Alleinefahren ist deutlich teurer als das gemeinschaftliche langsamere Fortkommen. Man kann vorab ein Guthaben definieren und sozusagen »prepaid« fahren oder am Ende alles verrechnen lassen. Wird das vereinbarte Budget überschritten – im Grunde handelte es sich schlicht um eine transparente Kostenkontrolle –, kann man neu aufladen und der ursprünglich definierte Betrag wird entsprechend erhöht.

Ein kluger Schachzug sorgt dafür, dass in der Siedlung immer genügend Fahrzeuge verfügbar sind. Jeder, der im Siedlungsgebiet ein Fahrzeug zurückstellt, bekommt einen Bonus gut geschrieben. Dank GPS und WLAN kann man das Schlaue Netze-Gebiet genau abgrenzen und da man Verträge mit allen in Berlin ansässigen Carsharing-Unternehmen geschlossen hat, ist praktisch jedes Auto der über 100.000 in Berlin verfügbaren Fahrzeuge für Baugruppennetz-Bewohner nutzbar. Verkehrstechnisch gesehen kommt die Beziehung zwischen der Siedlung und dem übrigen Berlin einer Osmose gleich. Der Bonus – der je nach Speicherbedarf variiert – ist so gestaltet, dass die mit den Fahrzeugen generierten Speicherkosten deutlich niedriger ausfallen als die üblichen stationären Batterien. Der Bonus, das hatte die Testphase bereits gezeigt, beruht mehr auf dem alten psychologischen Trick, den sich schon die Rabattmarken zunutze machten. Nutzer sind für kleine Aufmerksamkeiten sehr empfänglich.

Als Betriebsgesellschaft hat sich die Genossenschaft das Unternehmen »Neue Netze Management Gesellschaft mbH«, kurz: NeuNeMa, ausgewählt, ein Gemeinschaftsunternehmen von früheren Berliner Eigenbetrieben. Nach knapp einem Vierteljahr konnte man tatsächlich aufgrund der Nutzungsroutinen eine stabile Tagesganglinie beim Stromverbrauch feststellen, die nunmehr als Inputgröße einen wichtigen Baustein im Speichermanagement darstellt. Man hat errechnet, dass an Werktagen garantiert 100 Kilowattstunden als Puffer zur Verfügung stehen, in der Nacht erhöht sich diese Reservekapazität sogar auf 150 Kilowattstunden.

Anlog aufgebaut ist das Angebot an Rädern und Pedelecs. Auch hier sorgen Kooperationsverträge dafür, dass alle stadtweit vorhandenen Mieträder genutzt werden können und dass das Zurückbringen in die Siedlung einen Bonus einbringt. Diesem virtuellen Fuhrpark war durchaus eine längere Debatte vorausgegangen, ob man nicht doch eine eigene Flotte besitzen sollte. Doch durch den Komfort der flexiblen Flotten und die durchgängige Buchbarkeit wirkt ein getrennter Fuhrpark in einem Schlauen Netz völlig antiquiert. Lediglich den zehn Transportern hat man eine feste Station zugeordnet, allerdings ist die Nutzung auch für alle Kooperationspartner möglich. Als besonders clever hat sich die Entscheidung herausgestellt, die Bonuszahlungen für Kunden der kooperierenden Vertragspartner zu gewähren oder diese zu vergüten. Auf diese Weise bringen auch Nutzer Fahrzeuge in das Siedlungsgebiet zurück, die hier gar nicht wohnen und anschließend zu Fuß oder mit der direkt benachbarten S-Bahn weiterfahren.

Kooperative Nachbarschaft zahlt sich aus

Die »Osmose« mit der übrigen Stadt beruht noch auf einer weiteren Verbindung: einer Verknüpfung des lokalen Netzes der Tempelhofer Baugruppe mit den PV- und Windenergieanlagen auf dem benachbarten Bahnhof Südkreuz. Der Bahnhof ist seit einigen Jahren mit Solarzellen bestückt und verfügt auf dem Südareal des ehemaligen obersten Parkdecks über das größte innerstädtische Windanlagenfeld Berlins. Die Gesamthöchstleistung der Anlagen auf dem Bahnhof liegt bei stattlichen 1,2 Megawatt. Zusätzlich sind in dem ehemaligen Parkhaus eine Großbatterie mit einem Megawatt Kapazität und drei mittelgroße BHKW mit zusammen 2,7 Megawatt Strom- und 4,5 Megawatt Heiz- oder Kühlleistung installiert. Seit Jahren nun ist die DB AG selbst der Hauptnutzer des erneuerbaren Stroms, etwa vier Fünftel des erzeugten Stroms werden im Bahnhof selbst eingesetzt. Auch von der Wärme-/ Kühlleistung nimmt die Bahn ungefähr 60 Prozent selbst ab. Der von der Bahn normalerweise nicht verwendete Rest ist allerdings für die nur wenige hundert Meter entfernte Wohnsiedlung von hohem Interesse. Er hat eine Größenordnung, die ideal zu den selbst erzeugten Strom- und Wärmemengen passt. Nachbarschaft würde sich also auszahlen, dachte man auf Seiten der Bahn und der Genossenschaft. Es könnte einen für beide Partner vorteilhaften Stromdeal geben.

Doch steckte der Teufel leider wie immer im Detail. Als problematisch erwies sich, dass der Strom vom Südkreuz über das öffentliche Stromnetz in das lokale Baugruppennetz gelangen muss. Physikalisch ist dies kein Problem, aber das öffentliche Verteilnetz hat klare Prioritäten, die in der allgemeinen Versorgungspflicht liegen. Vereinbarungen zwischen Privaten werden da völlig nachrangig behandelt. Was die Genossen des Baugruppennetzes vor eine unlösbare Aufgabe stellte, betrachtete die NeuNeMa als eine interessante Geschäftsperspektive. Ihre Idee: Man könnte den Bahnhof Südkreuz zu einem Schlauen Netz entsprechend den Bestimmungen des Schlau-

NetG transformieren und dann beide Netze zu einem Netz-Cluster mit komplementären Lastprofilen vereinigen. Beide Netze müssten dafür eine juristische Konstruktion finden und eine gemeinsame Konzession beantragen. Der Verteilnetzbetreiber wäre dann laut SchlauNetG verpflichtet, beide Versorgungsgebiete als ein zusammenhängendes Netz zu behandeln und entsprechend privilegierte Leitungskapazitäten bereitzustellen.

Das Gesetz erlaubt diese Art der Privatisierung öffentlicher Leitungskapazitäten für dezentrale Netzbetreiber, deren Eigenproduktion von allen Umlagen befreit ist, nur unter strengen Auflagen. Die Entfernung der unterschiedlichen Bediengebiete darf eine festgelegte räumliche Distanz nicht überschreiten und der Eigenversorgungsgrad solcher Netz-Cluster muss von den üblichen 70 Prozent auf 90 Prozent steigen. Die Idee des Gesetzgebers ist es, die netztechnische Verbindung unterschiedlicher Lastprofile beispielsweise eines Industrienetzes mit dem eines Siedlungsnetzes im Sinne eines steigenden Anteils von Erneuerbaren zu erlauben, wenn dadurch die Versorgungssicherheit oder die Eigenproduktionsquote steigt.

Die Geschäftsführung von NeuNeMa konnte sich bei der Genossenschaft mit ihrer Idee durchsetzen, weil die Aussicht bestand, dadurch die Energiekosten weiter zu senken. Die Versicherungsprämie würde sich für die Genossenschaft reduzieren und der Versorgungsgrad faktisch auf 100 Prozent steigen. Der DB AG den Gedanken des Prosumers schmackhaft zu machen, fiel der NeuNeMa am Ende ebenfalls gar nicht schwer. Denn auch die Bahn hatte längst erkannt, dass unter den neuen gesetzlichen Bestimmungen die Dezentralisierung des Bahnstromnetzes im Bereich der 50-Hertz-Frequenz wirtschaftlich lukrativ sein kann und hatte bereits eine bundesweite Ausschreibung für die Gründung und den Betrieb von Schlauen Netzen rund um die Bahnhöfe begonnen. Die NeuNeMa erhielt den Zuschlag für den Bahnhof Südkreuz und hatte in kurzer Zeit alle beteiligten Unternehmensteile der DB AG, alle Mieter des Bahnhofs sowie sogar noch einige direkt angeschlossene kleine Gewerbetreibende zu einem Schlauen Netz vereint. Dabei hatte man einfach den Gedanken des Mobilitätsbudgets adaptiert und als gemeinsame Konstruktion einen Verein gewählt. Man wollte die Transaktionskosten für die Blumenläden, Buchhändler oder Dönerbuden im Bahnhof so gering wie möglich halten. Die Vertreter der DB AG waren überrascht, wie gut die Kombination aus Zivilgesellschaft, Kleingewerbetreibenden und Großkonzern tatsächlich funktionierte. Allerdings wäre dies ohne die Moderationstätigkeit von NeuNeMa wohl nicht gelungen.

Nach über einem Jahr hatten die Baugruppennetz-Genossenschaft und der »Verein Neues Südkreuz« eine gemeinsame Konzession erhalten. Sie bilden seither ein Netz-Cluster und werden weiterhin von der NeuNeMa betreut. Die vom Gesetzgeber vorgeschriebene Verbindung hatte man durch die Gründung einer einfachen GbR ermöglicht. Gedanken muss man sich lediglich darüber machen, ob zukünftig beide Netze nicht als GmbH firmieren sollten, denn durch die üppigen Erzeugungskapazitäten, die komplementär zueinander sich entwickelnden Lastprofile und das Überangebot an Stromspeichern wird wesentlich mehr Strom produziert als benötigt. Die ersten Gespräche mit dem Versicherer über einen »Rückkauf« führten dazu, dass die Prämie abgesenkt wurde. Die zukünftigen Erlösaussichten sind beachtlich.

Szenario 4: Stefanie Bender
in der neuen intermodalen Welt

Bisher wurden drei Szenarien vorgestellt, die aus der Perspektive unterschiedlicher dezentraler Netze entwickelt wurden. Im vierten Szenario wird eine Geschichte erzählt, die aus der Sicht einer Nutzerin die Optionen der neuen intermodalen Welt beleuchtet.

Stellen wir uns einmal eine solche Person vor, nennen wir sie Stefanie Bender. Sie ist Anfang 50, gut ausgebildet, digital sozialisiert und lebt im schönen Bonn am Rhein. Sie ist ziemlich viel unterwegs und genießt dabei alle Vorteile einer grünen Intermodalität. So könnte ein ganz gewöhnlicher Tag im Leben von Stefanie Bender aussehen:

Es ist ein trüber Morgen, als Stefanie Bender nach einem kurzen Frühstück das Haus verlässt, um einen ersten Termin am Sitz ihrer Firma am Rheinufer auf dem ehemaligen Messegelände in Köln-Deutz wahrzunehmen. Sie wohnt in der früheren Bundeshauptstadt Bonn in einer alten Stadtvilla westlich vom Hauptbahnhof, die sie von ihren Eltern geerbt hat. Großzügige Altbauwohnungen in der Stadt waren früher sehr begehrt und daher dachte sie gar nicht daran, das geerbte Haus zu verkaufen oder zu vermieten. Vielmehr zog Stefanie Bender mit ihren zwei kleinen Kindern und ihrem damaligen Freund aus der Kölner Südstadt ins feine Bonn. Emotional ist Stefanie Bender aber Kölnerin geblieben.

Nicht täglich, aber doch mehrmals in der Woche hat sie auf dem Deutz-Campus zu tun. Dort hat ihr kleines Beratungsunternehmen seinen Sitz. Sechs Kolleginnen und Kollegen sind es derzeit, die in einem großzügigen Loft mit flexiblen Wänden und wechselnden Arbeitsplatzgruppen auf immerhin 200 Quadratmeter Fläche ihren Geschäften nachgehen. Das Unternehmen berät und hilft Firmen dabei Fachkräfte zu rekrutieren und im Unternehmen zu halten. Die Kunden stammen aus ganz Europa, auch wenn sich die meisten in der deutschsprachigen Rheinschiene befinden, viele davon in dem Korridor von Duisburg bis Wiesbaden. Darauf konzentrieren sich auch die Einsatzorte von Frau Bender.

Darüber, wie sich ihre Mobilität am besten organisieren lässt, hat Stefanie Bender ausgiebig nachgedacht und sich dann für einen der mittlerweile zahlreichen Mobilitätsprovider entschieden, der seinen Sitz in Köln hat. Der alten Heimat wegen. Die Unterschiede sind auch nicht mehr so groß. Der Anbieter firmiert unter »MobyCol« und erinnert Stefanie Bender an alte Zeiten des Mobilfunkmarktes. Die Analogien sind wirklich auffallend. Ihre Firma hat wie viele andere Gewerbetreibende mit MobyCol einen günstigen Rahmenvertrag geschlossen. Das Unternehmen gewährt als Teil des Gehaltes ein Mobilitätsbudget, das im Falle von Frau Bender monatlich 750 Euro ausmacht, und das, wie früher auch schon die Dienstwagen, die Sozialversicherungsabgaben für Arbeitgeber und Arbeitnehmer minimiert. Auf Grundlage dieses Budgets kann Stefanie Bender mit einer entsprechenden App auf dem Smartphone jedes Verkehrsmittel nutzen, das gerade passt. Es gibt weiterhin die Kölner Verkehrsbetriebe, die DB oder auch die vielen Auto- und Fahrräderverleiher in der Stadt. Die Verkehrsmittelbetreiberwelt – das fiel Stefanie Bender beim Schwelgen in den Erinnerungen an den frühen Mobilfunkmarkt wieder auf – hatte sich gar nicht groß verändert. Viele haben sich aber unter das Dach von Providern begeben oder unter fremden Marken gleich eigene Provider gegründet. Ein Unterschied besteht darin, dass jetzt alles mit Strom betrieben wird und der frühere Verbrennungsmotor nur mehr in einer Schrumpfversion im Plug-in-Hybrid überlebt hat. Die Städte sind daher auch viel leiser geworden und Luftschadstoffe wie Rußpartikel oder NO_x (Stickstoffoxide) kennt man eigentlich nur noch aus dem Geschichtsbuch.

Wenn sie ihren Kindern von früher erzählt, dann fällt ihr auf, dass sich eigentlich auch die Ansprüche an ein bequemes Verkehrsmittel wenig verändert haben: ohne Nachzudenken einfach von A nach B zu kommen. Allerdings war das früher immer an ein festes Verkehrsgerät gebunden. Alle hatten ein eigenes Auto, ein Fahrrad oder auch ein Pedelec. Diese emotionale Bindung an ein eigenes Verkehrsmittel scheint ihr aus heutiger Sicht völlig unverständlich. Als sie allerdings neulich ihr Smartphone bei Gartenarbeiten verloren glaubte, wurde ihr die Geräteabhängigkeit doch plötzlich sehr bewusst. Gut ist allerdings, dass alle wesentlichen Stammdaten sicher in der

Cloud hinterlegt sind und das Gerät selbst kaum noch Daten beherbergt. So ist ein Gerätetausch nach der Autorisierung schnell und einfach möglich.

Die Freiheitsgrade erscheinen ihr heute höher als damals. Was kann sie mit ihrem Mobilitätsbudget – ihrem »Firmenwagen-Ersatz« – nicht alles machen? Einfach vor die Tür des Campus treten und nutzen, was kommt oder herumsteht. Ihr Smartphone muss sie dazu lediglich aktivieren, und dann nur eines der bereits vordefinierten Ziele wie »Büro«, »Zuhause«, »Eltern«, »Tante Petra« oder »Elly und Klaus« auswählen oder ein bislang nicht bekanntes Ziel manuell eintragen. In weniger als einer Minute sind alle Optionen verfügbar, so wie damals das Smartphone alle WLAN-Netze anzeigte. Und genauso schnell ist die Entscheidung auch heute für S-Bahn, Mitfahrgelegenheit, Mietfahrrad oder Mietauto möglich. Bei der Auswahl der Optionen folgen kurze Hinweise, wo und wann was genau verfügbar ist. Das Öffnen der Fahrzeuge, die Berechtigung zur Fahrt: alles kein Problem mehr. Nach jeder Option wird auf dem Display eine entsprechende Quittung hinterlegt, die in etwaigen Kontrollen schnell lesbar ist. Das ermittelte Bewegungsprofil garantiert sowieso eine genaue Abrechnung. Der erreichte Stand der Verschlüsselungstechnik und die eingespielten Geschäftsprozesse haben auch das Vertrauen in den Datenschutz wieder stabilisiert. Missbräuchliche Nutzungen von Bewegungsprofilen sieht man eigentlich nur noch in Fernsehkrimis. Klar gibt Stefanie Bender im Taxi noch Trinkgeld, aber der Zahlungsverkehr wird bargeldlos via Smartphone-Tracking abgewickelt.

Der Provider bietet Stefanie Bender eine Reihe von Voreinstellungen und Nutzungspräferenzen an. Unter anderem kann man hinterlegen, ob man mit einem Säugling, einem Kleinkind oder einer Gruppe unterwegs ist, ob man prinzipiell alleine oder in Gemeinschaft reisen oder ob man schlicht ganz schnell oder ganz energieoptimiert mobil sein will. Denn auch im postfossilen Zeitalter gibt es immer noch kein Beamen und die Raumüberwindung kostet wertvolle regenerative Energie. Selbstverständlich kann man auch die Option Selbstfahrer hinterlegen und hoffen, dass genügend freie Fahrzeuge verfügbar sind.

Interessant ist im Rückblick auf vergangene fossile Zeiten für Stefanie Bender auch, dass die Entscheidung für ein Verkehrsmittel immer mit dem Ziel oder dem Zweck einer Reise verknüpft war. Wenn sie früher ihren Eltern in Bonn am späten Freitagabend noch einen Spontanbesuch abstatten wollte, musste sie mit dem Auto fahren, da Busse und Bahnen nicht mehr verkehrten. Heute ist das alles Schnee von gestern. Die Angebotsdichte ist inzwischen so groß, dass für alle Richtungen und Entfernungen etliche Optionen beim Vertragspartner MobyCol hinterlegt sind. Der Planungsaufwand ist minimiert, der Planungshorizont aufgrund vielfacher Verfügbarkeiten völlig entgrenzt. »Anything goes at any time« – wie es der Claim von MobyCol nicht treffender ausdrücken könnte.

Stefanie Bender weiß auch, dass nachts in verkehrlichen Schwachlastzeiten alles viel günstiger ist, aber dennoch bleibt dies für sie irrelevant, weil ihr persönlicher Rhythmus anderen Regeln folgt und sich Geschäftstermine nicht einfach in die Nachtstunden verlegen lassen. Die angebotene Flexibilität kann im Alltagsleben nicht immer voll ausgenutzt werden.

Der Alltag von Stefanie Bender sieht so aus, dass sie jeden Morgen in Bonn vor ihr schmuckes Haus tritt, ihr Smartphone aktiviert und wartet. Meistens sind es um die Zeit drei Selbstfahrer, die Mitfahroptionen mit Destinationen hinterlegt haben. Es kommt schon mal vor, dass keiner der »üblichen Verdächtigten« online ist und der Fußweg zum Bahnhof sich anbietet. Das klassische Taxi kann hier helfen. Zu ihren Kunden reist Stefanie Bender in der Regel im gleichen Modus. Es kam aber jüngst vor, das von Deutz aus bei der manuell eingetragenen Adresse in der Eifel tatsächlich das Smartphone keine Option anbot – auch nach mehrmaligem Klicken blieb das Display ohne Angebot. Für diesen recht seltenen Fall hat MobyCol vorgesorgt: Stefanie Bender ruft dann die Hotline an und in kurzer Zeit steht an ihrem Standort ein Fahrzeug mit Fahrer bereit. Der Service ist gratis, die Fahrt mit Chauffeur – es handelt sich um einen speziellen »Notdienst« des Taxi Gewerbes – wird natürlich für den Provider teuer und entsprechend hoch fällt dann auch die Rechnung für Stefanie Bender aus, wenn es häufiger passiert.

Für Stefanie Bender ist neben der Bequemlichkeit die Kostenkontrolle wichtig. Sie erhält auf Wunsch am Ende der Woche eine kurze Nachricht über die aufgelaufenen Kosten und kann Vorsorge tragen, das mit dem Arbeitgeber vereinbarte Budget nicht zu überschreiten. Denn wenn die vereinbarte Summe überzogen wird, muss Stefanie Bender die Differenz privat bezahlen. Und dann hört der postfossile intermodale Verkehrsspaß auf. Der Kilometerpreis kann schon mal auf einen Euro pro Kilometer steigen. Es hat Zeiten gegeben, als sie die vom Arbeitgeber eingeräumte Summe privat nochmals verdoppeln musste, um ihre beruflichen und privaten Orte zu erreichen. Das lag auch daran, dass sie ihren neuen, finanziell etwas klammen Lebenspartner des Öfteren im »Code-Sharing« mitnahm. Beide Smartphones waren dann eingebucht und hatten die gleiche Destination gewählt, zahlen musste aber nur sie. Diese Funktion war früher bei Fahrten mit ihren Kindern schon nicht billig gewesen, dafür aber bequem.

Auch eine interessante Art und Weise, den Raumbedarf der postfossilen Mobilität einzugrenzen, dachte Stefanie Bender beim Sichten der hohen Verkehrsrechnungen. Diese Erfahrung war für sie Anlass, abzuwägen, ob sie nicht in einem der vielen Schlauen Netze Mitglied werden sollte, die in der Regel günstige Konditionen offerieren. Aber an ihrem Wohnort existiert so etwas noch nicht und sie hat keine Zeit, selbst ein Schlaues Netz zu organisieren. Interessant ist das Angebot der Schule ihres Sohnes. Die dortige Schulleitung hat einen günstigen Provider aufgetan, der allerdings seine Produkte nur im Raum Bonn und im Einzugsgebiet der Schule anbietet. Dadurch, dass man vom selbstgemachten Strom der Schule profitiert, kann der Verkehrsdienstleister sehr preiswerte Konditionen gewähren. Doch das Angebot ist auf Lehrer, Beschäftigte und Schüler begrenzt.

Interessant klingt auch das Angebot eines neuen Billiganbieters, der aber bei genauer Prüfung eine Reihe von Optionen wie Selbstfahrer oder Taxi gar nicht im Programm hat.

Stefanie Bender schaut sich daher weiter auf dem Markt der Mobilitätsanbieter um, um vielleicht doch noch einen anderen Anbieter zu finden, dessen Preise nach Budgetüberschreitung weniger drastisch ausfallen.

Ausblick auf
eine postfossile Moderne

Geht das alles so auf? – Keine Energiewende ohne Verkehrswende, das ist das Mantra, das sich durch dieses Buch zieht. Nur so ist der Übergang ins postfossile Zeitalter zu schaffen. Noch sind aber beide Sektoren weit voneinander entfernt und ihre Akteure einander fremd. In dem hier vorgeschlagenen und in verschiedenen Szenarien illustrierten Zukunftsmodell der Schlauen Netze rücken sie jedoch eng zusammen und bilden eine integrierte, dezentrale Struktur. Vermutlich könnte dies für wesentliche Teile des gesamten Versorgungsgebietes der Bundesrepublik Deutschland eine interessante Perspektive darstellen. Klammert man großindustrielle Stromverbraucher einmal aus, könnten dezentrale Netzstrukturen weite Teile der Versorgung übernehmen. Vermutlich ist dies weit weniger ein technisches als ein soziales Problem. Denn die Verlagerung des Versorgungsauftrages in kleinteilige Produktionsstrukturen erhöht naturgemäß den Transaktionskostenaufwand. Noch kann man das Kosten-Nutzen-Verhältnis einzelner Projekte nicht einfach hochrechnen und gegenüber Alternativen bewerten. Es fehlen noch zu viele Basisdaten und die

Erfahrungen sind oft dürftig. Man müsste daher einfach beginnen.

Doch das alles passiert keinesfalls von selbst. Die Erkenntnis des Technikhistorikers Joachim Radkau ist nach wie vor gültig: »Bei Fragen der Energiepolitik geht es in eminentem Maße um Macht; durch Kommunikation allein werden sie nicht entschieden. Die bestehende Energiewirtschaft tendiert unter den ›Erneuerbaren‹ in aller Regel zu zentralistischen Lösungen.« Auf der anderen Seite kann man keineswegs davon ausgehen, dass die »schöne neue Verkehrswelt« mit den vielen Providern und der durchlässigen Wahl der verschiedenen Verkehrsoptionen einfach so kommen wird. Wie im Energiemarkt existiert auch im Verkehrsbereich eine wohl sortierte und gut behütete Anbieterstruktur. Und noch sind nahezu alle Marken in diesem Bereich monomodal ausgerichtet. Um die nötige »Durchbuchbarkeit« des Gesamtverkehrsangebotes tatsächlich Wirklichkeit werden zu lassen, müssten diese starken Marken einem Roaming, was mehr ist als das aus der Mobiltelefonie bekannte Durchleiten, zustimmen, so wie es in den Szenarien beschrieben ist. Analog zum Telekommunikationsmarkt würde beispielsweise ein BMW-Kunde auch Dienste von Daimler oder der Deutschen Bahn in Anspruch nehmen können – ohne dass der jeweilige Leistungserbringer die Stammdaten des Nutzers kennt. Im Moment ist dies undenkbar, Durchlässigkeit gilt als Gift in der herrschenden Markenwelt. Denn es droht die Gefahr, am Ende könnten alle einzelnen Auto- oder ÖV-Marken aus Sicht der Kunden zu einer simplen Standarddienstleistung werden, wie wir es beim Strom, Wasser oder Gas kennen. Herrschender Markenstolz und intermodales Geschäft sind erstmal nicht kompatibel.

Es ist bis heute so, dass weder im Verkehrs- noch im Energiemarkt die Grundlagen für eine Wende gelegt sind. Beide Sektoren sind nach wie vor in das fordistische Produktionsregime eingebunden, das von einer klaren ordnungspolitischen Rollenaufteilung lebt: Der Staat regelt, die Unternehmen produzieren und der Kunde kauft und nutzt die Produkte. Möglicherweise ändert sich diese überkommene Arbeits- und Rollenteilung jedoch. Die Energie- und Verkehrswende kann nur mit einer selbstbewussten Zivilgesellschaft gelingen. Wobei die Hoffnungen auf einem neuen Rollenmodell liegen: Prosumer treten an die Stelle der alten zentralen Lieferanten. Windenergie- und Solaranlagen werden dezentral betrieben. Über eine Million private Solarstromproduzenten, hunderte Energiegenossenschaften und viele gewerbliche Teilselbstversorger zeigen schon heute, dass dies selbst unter wenig günstigen Rahmenbedingungen möglich ist. Ebenso sind im Verkehrswesen eine Fülle von Sharing-Aktivitäten zu beobachten, die in die gleiche Richtung gehen. Eigentümer von Autos verleihen einfach wildfremden Menschen ihr Fahrzeug. Das ist unterhalb des ordnungspolitischen Radars zu einer gelebten sozialen Praxis geworden. Doch für alle diese Prosumer gibt es unter den herrschenden Umständen keine weitergehende Perspektive. Denn ihre Dienstleistungen konkurrieren mit dem althergebrachten Staatsanspruch auf Versorgung. Das nachfordistische Gegenkonzept besteht darin, die klassische Daseinsvorsorge zu dezentralisieren und im wahrsten Sinne des Wortes zu verbürgerlichen, dass heißt in die Hände der Zivilgesellschaft zu überführen.

Beim Energiesektor ist dieser Prozess schon weit vorangeschritten. Die Erneuerbaren hatten es über Jahrzehnte nicht nur deshalb schwer, weil sie im Vergleich zu den etablierten fossilen und nuklearen Energietechniken sehr teuer waren. Ihre Protagonisten operierten zudem isoliert, sie waren zu schwach in der Leistung und standen nicht zuverlässig und planbar zur Verfügung.

Diese Nachteile sind mittlerweile fast alle verschwunden. Ihre spezifische Leistung hat sich vervielfacht, sie haben sich mit rasanter Diffusionsgeschwindigkeit längst aus der Nische herausbewegt. Bei den Kosten sind PV- und Windenergie, je nachdem, in welcher Zeitspanne man rechnet und welche externen Kosten man wie hoch internalisiert, bereits konkurrenzfähig oder kurz davor, es zu sein. Die Leistung der modernen Anlagen ist um ein Vielfaches höher als zu ihren Pionierzeiten. Dank ausgereifter Wechselrichter und Steuerungstechnik sind sie fast ausfallsicher und dank kleinräumiger Wetterprognosen lassen sich die Stromernten genau planen. Vor allem aber sind sie nicht mehr isoliert und irgendwelche Fremdkörper in einer ansonsten geschlossenen Energiewelt. Die informationstechnische Vernetzung der vielen Erneuerbaren ist weit gediehen, das Energie-Internet ist kein Schlagwort, sondern trifft die Realität schon ziemlich präzise. Per App lässt sich die Leistung von PV-Anlagen laufend abfragen, auf den Internetseiten von Windparkbetreibern kann jeder Anteilseigner jederzeit einsehen, welche Mühle wie viel produziert. Auf dieser Grundlage sind die Stromflüsse in einem Schlauen Netz mit heterogener Erzeugungsstruktur einfach und stabil in Echtzeit darzustellen. Die informationstechnische Vernetzung ist neben der zivilgesellschaftlichen Präsenz und der notwendigen intersektoralen Verknüpfung das qualitativ Neue gegenüber früheren Versuchen, Solar- und Windkraftanlagen zu implementieren.

Eben diese Vernetzung ist auch die Basis für eine Reihe innovativer Produkte und Dienstleistungen im Energiesektor und darüber hinaus. Neue Unternehmen, aber auch etablierte Platzhirsche sowohl in der Energie- als auch in der Verkehrsbranche geraten auch deshalb unter Druck, weil immer mehr Menschen sich nicht mehr an die traditionellen Abgrenzungen der Sektoren und der Markenwelt halten. Mit der Verbreitung der Smartphones sind insbesondere Jüngere permanent online und eingeübt in einer Welt vielfältiger digitaler Dienste, um Soziales und Geschäftliches virtuell zu tätigen. Mithilfe von Cloud-Diensten wird ein Zugang zu Geräten und Dienstleistungen gewährleistet, der persönlichen Besitz an ihnen unwichtig werden lässt. Damit wird der Trend zur Entkopplung von Nutzen und Besitzen wenn auch nicht geschaffen, so doch zumindest technisch unterstützt.

Die Herausforderung einer doppelten Wende

Der Übergang zur postfossilen Gesellschaft markiert nicht nur eine Abkehr von einer energietechnischen Erbfolge und einen tiefgreifenden wirtschaftlichen Strukturwandel. Er ist darüber hinaus wahrscheinlich nur mit einer doppelten Abkehr von der Klassischen Moderne zu haben. Einmal wird man sich vom herkömmlichen Staatsverständnis verabschieden müssen. Das etatistische Grundprinzip, dass der Staat alles regelt, vorsorgt und letztlich auch dafür in Haft zu nehmen ist, wenn es nicht klappt, wird den Anforderungen an differenzierte und volatile Versorgungsformen in allen energie- und verkehrssensiblen Bereichen immer weniger gerecht. Während der allgemeine Rechtsrahmen mitsamt seinen zentralen Elementen des Sozialstaatsprinzips zukünftig unantastbar bleibt, entwickelt sich das materialisierte Ausbuchstabieren stärker in die Zivilgesellschaft hinein. Das Deutungsprogramm der sogenannten »Zweiten Moderne«, dass Ulrich Beck und Kollegen schon seit Jahren als »doppelte Freiheit« mit unhintergehbaren ambivalenten Begleiterscheinungen formulieren, beschreibt die tatsächliche gesellschaftliche Entwicklung zutreffend: Es kommt auf die Einzelnen und auf ihre Fähigkeiten zur Selbstorganisation an. Diese gilt es möglichst mit anderen gemeinsam weiterzuentwickeln.

Allerdings ist Ambivalenztoleranz vonnöten. Gesellschaftliche Selbstorganisation schafft hohe Freiheitsgrade insbesondere für Menschen, die hierzu in der Lage sind, und sie generiert gleichzeitig mehr Unsicherheit und Ungleichheit. Dezentrale Strukturen sind nicht nur technisch anspruchsvoll, sie provozieren auch prinzipielle Fragen nach Gerechtigkeit und sozialer Teilhabe. Denn nicht überall lassen sich die beschriebenen Prosumer-Strukturen zum Wohle kleiner Netze tatsächlich auch realisieren. Was passiert mit Menschen, die zur selbstorganisierten Knotenbildung in schlauen Netzen weder in der Lage noch willig sind? Wenn die staatliche Daseinsvorsorge nicht mehr in gewohnter Weise greift, wer sorgt für diejenigen, die in der gefeierten Zivilgesellschaft nicht mittun können oder wollen? Wie weit reicht bei einer drastisch reduzierten »Fertigungstiefe des Staates« die Basisversorgung noch? Zahnärzte und reiche Bauern können es sich leisten, auf den Schutz der Gemeinschaft zu verzichten. Das können aber nicht alle. Ist die »Zweite Moderne« nur ein Modell, in dem sich der befähigte und privilegierte Teil der Bevölkerung noch besser organisieren kann und die soziale Spaltung eher noch schärfer wird? Braucht es auch so etwas wie eine postfossile Gerechtigkeitsnorm und wie sieht sie aus?

Man sollte es sich nicht zu leicht machen mit der Gerechtigkeitsfrage. Schließlich gab die Klassische Moderne die Versprechen auf Prosperität, Chancen des sozialen Aufstiegs und auf Teilhabe unabhängig von der Vermögens- und Einkommenslage, unabhängig vom Beruf des Vaters und auch unabhängig davon, ob man vom Land oder aus der Stadt kommt. Die materielle Voraussetzung für diese Versprechen lag in einem Produktionsregime, dargestellt in der fossilen Grundlast, das von Wind und Wetter unabhängig operierte. Moderne Gesellschaften mit ihren positiven Konnotationen von Freiheit und Wohlstand wurden erst realisierbar, als Dampfmaschinen eine Energieversorgung unabhängig von Standort, Jahreszeiten, klimatischen oder topografischen Versorgungslagen ermöglichten. Wird dieser Emanzipationsprozess von der Natur durch die Postfossilität umgekehrt? Wird die Freiheit von der fossilen oder atomaren Abhängigkeit mit einer neuen Unfreiheit bezahlt, neben dem Verlust staatlicher Fürsorge auch noch auf genügend Wind und Sonne angewiesen zu sein? Oder ist es denkbar, dass sich auch moderne Lebens- und Arbeitsformen vom Rhythmus der Verfügbarkeit natürlicher Ressourcen leiten lassen? Ist eine Lastverschiebung der Lebensplanungen in der »Zweiten Moderne« möglich und kann sie mit der Gewährleistung von allgemeinem Wohlstand und individueller Freiheit kompatibel gemacht werden? Sicher ist nur, dass die angedeutete »Große Transformation« ohne Brüche nicht möglich sein wird. Klar ist auch, dass ein Zurück in die Vormoderne von kaum jemandem gewollt wird.

Wahrscheinlich ist mit den Möglichkeiten smarter Technik und aufgeklärter zivilgesellschaftlicher Optionen eine postfossile Gesellschaft zu organisieren. Damit geht aber der tatsächliche Abschied von einer ubiquitären Staatshaftung mit seinem garantierten Leistungsversprechen einher. Die postfossile Moderne bedeutet nicht nur die Abkehr von fossilen Brennstoffen und zentralen Produktionsstrukturen zur Versorgung mit Strom, Wärme und Verkehr, sie ist zugleich mit der Suche nach neuer Arbeitsteilung, sozialer Lastverteilung und kollektiver Haftung verbunden. Das Projekt der Energie- und Verkehrswende ist daher größer und weitreichender als es zunächst erscheint. Es berührt die Grundfesten der demokratischen Gesellschaft. Es bietet aber auch Chancen zur Neudefinition zivilgesellschaftlicher Optionen, denn der Grad der Selbstorganisationsfähigkeit sollte mittlerweile so gefestigt und die Leistungsfähigkeit so professionell entwickelt sein, dass damit auch eine neue Staatlichkeit gelebt werden kann. Es ist also alles da für den Wechsel, wir müssen nur damit beginnen.

Literatur und Quellen

Im Text sind wegen der besseren Lesbarkeit nur wenige Autoren und Quellen explizit genannt. Zum Weiterlesen und Nachschlagen werden im Folgenden weitere Literatur- und Quellenangaben aufgeführt, auf die in den einzelnen Kapiteln Bezug genommen wird. Außerdem werden die Fundstellen der Zitate mit der entsprechenden Seitenzahl angegeben.

1. Einleitung: Die Thesen des Buches zum Verkehr und insbesondere zum Auto bauen auf früheren eigenen Arbeiten auf. Das Bild vom »Auto im Kopf« als einer kollektiven mentalen Orientierung moderner Gesellschaften wird in *Canzler, Knie 1998: S. 30 ff.* erläutert; als klassische kultursoziologische Studie noch immer aktuell: *Sachs 1984.* Das Konzept der »integrierten Elektromobilität« wird ausführlich in *Canzler, Knie 2011* entwickelt. Die Figur des Prosumers hat *Toffler 1980* eingeführt, wobei er den allgemeinen Rollenwechsel des Verbrauchers im amerikanischen Wohlstandskapitalismus auf den Punkt bringen wollte. Das von den Autoren übersetzte Zitat zur Selbstorganisation im Erneuerbare-Energien-Sektor stammt aus: *Schleicher-Tappeser 2012, S. 74.* Die Quelle für den steigenden Eigenverbrauch von Erneuerbaren in der deutschen Autoindustrie findet sich im Übrigen in der Ausgabe der *Süddeutschen Zeitung vom 8./9.5.2013, S.23.* Die besondere Eigenschaft des Autos, »Eigenzeit und Eigenraum« für seine Nutzer zu gewährleisten, findet sich in der Analyse von *Knie 1997.* Die zitierten vereinigten »institutionellen, technischen und mentalen Infrastrukturen« sind eine gedankliche Verknüpfung, die *Welzer 2011* entlehnt ist.

2. Das Problem: Das Auto, wie wir es kennen: In diesem Kapitel wird auf eine Fülle von Quellen Bezug genommen. Zur im Buch nicht weiter erörterten Rolle des Güterverkehrs in der Globalisierung siehe *Prokop, Stoller 2012, S.12ff.,* zum Anteil des motorisierten Individualverkehrs am Modal Split: *BMVBS 2012.* Die Zahlen zur Verbreitung des Autos stammen aus der Studie der *DENA 2012, S.13ff.* und die Daten zur drastisch gestiegenen Motorleistung der in Deutschland zugelassenen Pkw aus der *Frankfurter Allgemeinen Zeitung vom 31.7.2011, S.11.* Die Angaben zum spezifischen Energieverbrauch der Pkw zwischen 1995 und 2010 wurden in der genannten *DENA-Studie (S.40)* sowie vom Umweltbundesamt *(UBA 2012, S.12)* veröffentlicht. Die Informationen zu den Absatzmärkten der deutschen Autohersteller finden sich beim *VDA 2012* und die Prognosen zu den globalen Neuzulassungen bis 2020 bei *Dudenhöffer et al. 2012, S.31.* Ebenfalls von *Dudenhöffer* (diesmal aus einer Publikation von *2013*) stammen die Angaben zu den Motorleistungen der SUV. Die Pläne der *EU-Kommissionen* zu den künftigen CO_2-Grenzwerten lassen sich in ihrer Publikation dazu aus dem Jahr 2012 nachlesen, die kritische Einschätzung dazu findet sich bei *Lamparter 2012*. Zum Erneuerbarenanteil an den Kraftstoffen im Verkehr siehe wiederum *DENA 2012*, während Einzelheiten zu den projezierten Anteilen der Erneuerbaren im Verkehr bis 2030 zu finden sind in: *Öko-Institut 2012, S. 7*. Das kritische Zitat zur Bewertung der Biomassestrategie durch die Arbeitsgruppe der Leopoldina lässt sich nachlesen in: *Deutsche Akademie der Naturforscher Leopoldina 2012, S. 5*.

Der Stand der Elektromobilitätsinitiative der Bundesregierung wird regelmäßig von der »Nationalen Plattform Elektromobilität« dokumentiert, zuletzt in *NPE 2012*. Die Zulassungszahlen für den Toyota Prius stammen von *Seiwert 2013*. Zu den aus ihrer Sicht zu erwartenden Ölpreiserhöhungen hat sich die Internationale Energieagentur in *IEA 2012* geäußert, und die klimaökonomischen Berechnungen des viel zitierten *Stern*-Reports finden sich bei: *Stern 2006*. Zu den Herausforderungen der Klimapolitik und des Endes des »billigen Öls« findet man ausführliche Informationen in: *Schindler, Held 2009*. Das von Harald *Welzer* übernommene Zitat zur Pfadabhängigkeit generell, wonach die Vertreter des Status quo immer »die Wirklichkeit auf ihrer Seite« haben, stammt aus der bereits genannten Publikation von *2011, S. 39*.

Zu den ersten Ergebnissen aus dem Berliner BeMobility-Projekt siehe in der Kurzfassung: *Scherf et al. 2013* oder ausführlich in: *InnoZ 2012*. Zu den Ergebnissen der jüngsten Personenverkehrserhebungen in Deutschland sind *Ahrens, Kabitzke 2011, S. 15 ff.* einschlägig. Weitere empirische Daten zu veränderten Einstellungen und zu Trends im Verkehrsverhalten sind dokumentiert in: *Chlond et al. 2006* sowie *TU Dresden/Ahrens 2009.* Grundsätzliches zum Thema findet sich auch in Materialien der *Projektgruppe Mobilität 2004.*

3. Die Lösung: Schlaue Netze: Netz- und Speicherfragen werden im Rahmen der Energiewende intensiv diskutiert. Zu den erörterten Fragen der Notwendigkeit und der Potenziale von Speichern kann zum einen auf *Agora 2012* und zum anderen auf die Studie *VDE 2012* verwiesen werden. Skeptische Argumente zum Netzausbaubedarf finden sich in: *Jarass, Obermeir 2012.* Die Relevanz von Demand Side Management wird beispielsweise betont in: *Leprich et al. 2012, S. 22 ff.*, während in *Matthes 2011* historische Belege für das Scheitern des Quoten-Modells zu finden sind, mit dem vorgeblich ein marktwirtschaftlich optimaler Ausbau der erneuerbaren Energien zu erreichen sei. Frühere Solarmobil-Ideen von Frederic Vester sind nachzulesen in: *Vester 1995, S. 297 ff.*, und jüngere Betrachtungen zum gesteuerten Laden von batteriebetriebenen Fahrzeugen stellen an: *Pehnt et al. 2011, S. 230 ff.* sowie *Link 2012.* Die Idee und die Voraussetzungen für Micro Smart Grids sind beschrieben bei: *Reetz 2012*, dort findet sich auf *S. 81* auch das herausgestellte Zitat zu den Elektrofahrzeugen als »…fahrende Speicher…«. Die *Bundesnetzagentur 2011* beschäftigt sich in ihrem Eckpunktepapier vertieft mit Fragen der Regulierung und potenzieller Geschäftsmodelle.

4. Szenarien des Gelingens: Die Szenarien beruhen auf den Daten und Überlegungen der ersten drei Kapitel. Insofern sind die dort genannten Quellen auch indirekt in die Szenarienbildung eingeflossen. Direkte Referenzquellen gibt es nicht. Einzelne Aspekte entstammen vielen der in der unten aufgeführten Literaturliste genannten Titel, nicht zuletzt *Canzler, Knie 2011* und *Urry 2011*.

5. Ausblick auf eine postfossile Moderne: Die Dimension der Vermachtung des Energiesektors darf auch angesichts der im vierten Kapitel bisweilen äußerst positiv beschriebenen, fast harmonisch anmutenden Szenarien nicht vergessen werden, das einprägsame Zitat dazu stammt aus: *Radkau 2011, S. 484 ff.* Die doppelte Energie- und Verkehrswende nicht nur als technische und wirtschaftliche Großaufgabe zu betrachten, sondern sie mit den Deutungshilfen der Vertreter der »Zweiten Moderne« als gesellschaftsgeschichtliche Zäsur zu interpretieren, ist das zentrale Anliegen des Abschlusskapitels. Dabei wird Bezug genommen auf *Beck 1986* und *2008*; weitere Aspekte sind in der Reihe »Zweite Moderne« im Suhrkamp Verlag beschrieben.

Agora (2012): 12 Thesen zur Energiewende, Berlin (download: http://www.agora-energiewende.de/fileadmin/downloads/ publikationen/Agora_Impulse_12_Thesen_Langfassung_ 2.Auflage_Webversion.pdf).

Ahrens, Gerd-Axel/Kabitzke Ute (2011): Zur Zukunft von Mobilität und Verkehr. Auswertungen wissenschaftlicher Grunddaten, Erwartungen und abgeleiteter Perspektiven des Verkehrswesens in Deutschland. (Forschungsbericht FE-Nr.: 96.0957/2010 im Auftrag des BMVBS), TU Dresden.

Beck, Ulrich (1986): Die Risikogesellschaft, Frankfurt am Main.

Beck, Ulrich (2008): Die Neuvermessung der Ungleichheit unter den Menschen: Soziologische Aufklärung im 21. Jahrhundert, (Sonderdruck), Frankfurt am Main.

BMVBS (Bundesministerium für Verkehr, Bauen und Stadtentwicklung) (2012): Verkehr in Zahlen 2011/12, 40. Jg., Hamburg.

Bundesnetzagentur (2011): Smart Grid und Smart Market, Eckpunkte-Papier der Bundesnetzagentur, Bonn (download: http://www.bundesnetzagentur.de/SharedDocs/Downloads/ DE/Sachgebiete/Energie/Unternehmen_Institutionen/ NetzzugangUndMesswesen/SmartGridEckpunktepapier/ SmartGridPapierpdf.pdf?__blob=publicationFile&v=).

Canzler, Weert/Knie, Andreas (1998): Möglichkeitsräume. Grundrisse einer modernen Mobilitäts- und Verkehrspolitik, Wien, Köln, Weimar.

Canzler, Weert/Knie, Andreas (2011): Einfach aufladen. Mit Elektromobilität in eine saubere Zukunft, München.

Chlond, Bastian/Beckmann, Klaus J./Kuhnimhof, Tobias/ von der Ruhren, Stefan/Zumkeller, Dieter (2006): Multimodale Nutzergruppen – Perspektiven für den ÖV, in: Internationales Verkehrswesen 58, Heft 4 (2006), S. 138–144.

Com (European Commission) (2011): White Paper. Roadmap to a Single European Transport Area – Towards a competitive and resource efficient transport system (144 final), Brussels.

DENA (Deutsche Energieagentur) (2012): Verkehr. Energie. Klima. Alles Wichtige auf einen Blick, Berlin (download: http://www.dena.de/fileadmin/user_upload/Projekte/Verkehr/Dokumente/Daten-Fakten-Broschuere.pdf).

Deutsche Akademie der Naturforscher Leopoldina (2012): Bioenergie: Möglichkeiten und Grenzen, Halle (Saale).

DLR, FhG ISE, IFHT-RWTH, FGH (2012): Perspektiven von Elektro-/Hybridfahrzeugen in einem Versorgungssystem mit hohem Anteil dezentraler und erneuerbarer Energiequellen, Stuttgart.

Dudenhöffer, Ferdinand (2013): CO_2-Emissionen. Unter falschem Etikett, in: Zeit Online, 7. 2. 2013 (download: http://www.zeit.de/2013/07/CO2-Bonus-Elektroauto-SUV).

Dudenhöffer, Ferdinand/Pietron, Kai/Stephan, Alexander (2012): Die zweite Wachstumswelle der Autoindustrie, in: ifo-Schnelldienst 7/2012, 65. Jg., S. 28–31.

EU-Kommission (2012): Vorschlag für eine VERORDNUNG DES EUROPÄISCHEN PARLAMENTS UND DES RATES zur Änderung der Verordnung (EG) Nr. 443/2009 hinsichtlich der Festlegung der Modalitäten für das Erreichen des Ziels für 2020 zur Verringerung der CO_2-Emissionen neuer Personenkraftwagen (393 final), Brussels.

IEA (International Energy Agency) (2012): World Energy Outlook. Dt. Zusammenfassung, Paris.

InnoZ (2012): Ergebnisse aus dem BeMobility-Projekt, InnoZ-Baustein, Berlin (download: http://www.innoz.de/fileadmin/INNOZ/pdf/Bausteine/innoz-Baustein-11.pdf).

Jarass, Lorenz/Obermair, G. M. (2012): Welchen Netzumbau erfordert die Energiewende?, Münster.

Karl, Astrid/Canzler, Weert (2011): Innovativer Landverkehr – Subjektförderung durch Mobilitätsgutscheine, InnoZ-Bausteine Nr. 9, Berlin (download: http://www.innoz.de/fileadmin/ INNOZ/pdf/Bausteine/innoz-baustein-09.pdf).

Knie, Andreas (1997): Eigenzeit und Eigenraum. Zur Dialektik von Mobilität und Verkehr, in: Soziale Welt, Vol. 47, Heft 1, S. 39–55.

Lamparter, Dietmar (2012): Ein super Kredit. Wie die deutsche Automobilindustrie versucht, die für 2020 geplanten CO_2-Grenzwerte aufzuweichen, Zeit Online (download: http://www.zeit.de/2012/51/Autoindustrie-CO2-Emissionen).

Leprich, Uwe et al. (2012): Kompassstudie Marktdesign. Leitideen für ein Design eines Stromsystems mit hohem Anteil fluktuierender Erneuerbarer Energien, im Auftrag des Bundesverbandes Erneuerbare Energie e.V. und Greenpeace Energy eG, Saarbrücken.

Link, Jochen (2012): Elektromobilität und Erneuerbare Energien: Lokal optimierter Einsatz von netzgekoppelten Fahrzeugen, Aachen.

Matthes, Felix (2011): Strommärkte als Auslaufmodell? Die Rolle und das Design von Marktmechanismen in der »Großen Transformation« des Stromversorgungssystems, in: Schütz, Dietmar/ Klusmann, Björn (Hg.): Die Zukunft des Strommarktes. Anregungen für den Weg zu 100 Prozent Erneuerbare Energien, Bochum, S. 84–106.

NPE (Nationale Plattform Elektromobilität) (2012): Fortschrittsbericht der Nationalen Plattform Elektromobilität (Dritter Bericht), Berlin.

Öko-Institut/DLR-IVF (Deutsches Zentrum für Luft- und Raumfahrt – Institut für Verkehrsforschung) (2009): Renewbility »Stoffstromanalyse nachhaltige Mobilität im

Kontext erneuerbarer Energien bis 2030«. Endbericht. Teil 2: Szenario-Prozess und Szenarioergebnisse, Freiburg, Darmstadt, Berlin.

Öko-Institut (2012): RENEWBILITY II. Szenario für einen anspruchsvollen Klimaschutzbeitrag des Verkehrs. Zentrale Ergebnisse, Berlin (download: http://www.renewbility.de/fileadmin/download/brosch_renewb_2.pdf).

Pehnt, Martin/Helms, Hinrich/Lambrecht, Udo et al. (2011): Elektroautos in einer von erneuerbaren Energien geprägten Energiewirtschaft, in: Zeitschrift für Energiewirtschaft, Vol. 35, Heft 3, S. 221–234.

Projektgruppe Mobilität (2004): Die Mobilitätsmaschine. Versuche zur Umdeutung des Autos, Berlin.

Prokop, Günther/Stoller, Andre (2012): Der Güterverkehr von morgen. LKWs zwischen Transporteffizienz und Sicherheit, Heinrich-Böll-Stiftung. Schriften zur Ökologie. Band 30, Berlin.

Radkau, Joachim (2011): Die Ära der Ökologie. Eine Weltgeschichte, München.

Reetz, Fabian (2012): Multidimensionale Vernetzung. Lösungen für urbane Fragestellungen, in: Polis – Magazin für Urban Development, Heft 4, S. 80–81.

Sachs, Wolfgang (1984): Unsere Liebe zum Automobil, Reinbek.

Scherf, Christian/Steiner, Josephine/Wolter, Frank (2013): E-Carsharing: Erfahrungen, Nutzerakzeptanz und Kundenwünsche, in: Internationales Verkehrswesen, Jg. 65, Heft 1, S. 42–44.

Schindler, Jörg/Held, Martin (2009): Postfossile Mobilität. Wegweiser für die Zeit nach dem Peak Oil, Bad Homburg.

Schleicher-Tappeser, Ruggero (2012): How renewables will change electricity markets in the next five years, in: Energy Policy, Vol. 48, p. 64–75.

Schöller, Oliver (Hg.) (2005): Öffentliche Mobilität. Perspektiven für eine nachhaltige Verkehrsentwicklung, Wiesbaden.

Seiwert, Martin (2013): Elektro-Euphorie im Pickup-Land, in: Wirtschaftswoche online, 14.1.2013 (http://www.wiwo.de/unternehmen/auto/detroit-auto-show-elektro-euphorie-im-pickup-land/7627554.html).

Stern, Nicolas (2006): Stern Review on the Economics of Climate Change, London.

Toffler, Alvin (1980): The Third Wave, New York.

TU-Dresden/Ahrens, Gerd-Axel (2009): Sonderauswertung zur Verkehrserhebung »Mobilität in Städten 2008«, Dresden.

UBA (Umweltbundesamt) (2011): Emissionsberichterstattung der Bundesrepublik Deutschland 2012, CRF-Tabellen 1990–2010, Berichtstabellen nach dem Common Reporting Format für die Emissionsberichterstattung unter der Klimarahmenkonvention der Vereinten Nationen, Stand: 14.12.2011 (download: www.umweltbundesamt.de/emissionen/publikationen.htm).

Urry, John (2011): Does Mobility Have a Future?, in: Grieco, Margaret/Urry, John (eds.): Mobilities: New Perspective on Transport and Society, Aldershot, p. 3–19.

VDA (Verband der Deutschen Automobilindustrie) (2012): Jahresbericht 2012, Frankfurt am Main.

VDE (Verband der Elektrotechnik Elektronik Informationstechnik e. V.) (2012): Ein notwendiger Baustein der Energiewende: Demand Side Integration. Lastverschiebungspotenziale in Deutschland, Frankfurt am Main.

Vester, Frederic (1995): Crashtest Mobilität. Die Zukunft des Verkehrs, München.

Welzer, Harald (2011): Mentale Infrastrukturen. Wie das Wachstum in die Welt und in die Seelen kam, Heinrich Böll Stiftung, Schriften zur Ökologie. Band 14, Berlin.

Dank

Die Autoren danken den Kollegen Frank Brehm, Frank Christian Hinrichs, Jürgen Peters, Florian Reetz und Vipul Tropani sowie Bernd-Robert Meyer für die kritische Lektüre des Manuskriptes und wertvolle Hinweise.

Über die Autoren

Weert Canzler

Andreas Knie

Die Sozialwissenschaftler Weert Canzler und Andreas Knie haben 1997 die »Projektgruppe Mobilität« am Wissenschaftszentrum Berlin für Sozialforschung (WZB) gegründet. Weert Canzler bearbeitet Mobilitätsthemen im Rahmen der WZB-Forschungsgruppe Wissenschaftspolitik. Andreas Knie ist Geschäftsführer des Innovationszentrums Mobilität und gesellschaftlicher Wandel (InnoZ) und Professor an der TU Berlin.